Erich von Däniken
IM KREUZVERHÖR

Erich von Däniken

IM KREUZVERHÖR

Fragen aus Diskussionen
rund um die Welt

Waren Götter auf
der Erde?

Erich von Däniken
steht Rede und Antwort

Econ Verlag
Düsseldorf · Wien

1. Auflage 1978

Gesetzt aus der Times der Linotype GmbH
Satz: Uni-Set GmbH, Düsseldorf
Papier: Papierfabrik Schleipen GmbH, Bad Dürkheim
Druck- und Bindearbeiten: Richterdruck, Würzburg
Printed in Germany
ISBN 3 430 11993 6

Wie dieses Buch entstand

Im Frühjahr 1977 saßen Erich von Däniken, die Verleger Erwin Barth von Wehrenalp und Rolf Heyne und ich beim Nachtmahl zusammen. Däniken erzählte, daß, quer durch alle Länder – ob Nord- oder Südamerika, ob Kanada, Australien, Südafrika, Griechenland, Indien, Spanien, Jugoslawien, Polen, Dänemark, Österreich, Schweiz oder Deutschland –, von den Diskussionsteilnehmern fast immer die gleichen Fragen gestellt würden. Manchmal würden neuralgische Punkte seiner Theorien berührt, manchmal zeigten sich Irrtümer vom Lesen her, oft würden Verständnislücken deutlich – immer aber wären die oft heftig und aggressiv geführten Diskussionen fruchtbar für ihn, weil sie stets zu neuem Überdenken anregten.
Ich weiß nicht mehr, von wem zuerst der Gedanke aufkam, daß man diesen internationalen Fragenkatalog samt Antworten zusammenfassen sollte, um auch den Lesern, die keine Gelegenheit haben, an Diskussionen teilzunehmen, Antworten auf Fragen zu geben, die sie selbst gern stellen würden, falls sie den Autor ins Kreuzverhör nehmen könnten.
Von Däniken, kurz zuvor mit seinem Buch *Beweise* niedergekommen, mochte vor 1979 an keine Bucharbeit denken. Da kam der Gedanke ins Gespräch, man könnte doch in den folgenden Monaten Mikrophone in den Vortragssälen aufstellen, um die Diskussionen auf Band aufzuzeichnen.
Dieses Buch ist also eine Dokumentation weltweiter Live-Diskussionen geworden. Die Texte erfuhren lediglich eine gelinde Redaktion. Fragen und Antworten brachte der Bearbeiter, um dem Leser die Lektüre zu erleichtern, in eine lockere Gruppierung von zusammengehörigen Themenstellungen – aber er unterließ alles, was die Spontaneität der Diskussion hätte mindern können. Was hier gedruckt vorliegt, ist also Rede – nicht Schreibe.

Wilhelm Roggersdorf

»Ob er kapiert hat, daß er das an Däniken weiterleiten soll?«
(Horst Haitzinger – Nebelspalter)

I

Foto: Erich von Däniken

1 Wie viele Vorträge haben Sie bisher gehalten und wie viele davon hielten Sie an Universitäten?*
Ich habe sie nicht gezählt, es sind wohl einige hundert gewesen und davon bestimmt über hundert an Universitäten.

2 Können Sie einige Universitäten nennen?
Da muß mir mein wandelndes Gedächtnis helfen, mein Sekretär Willi Dünnenberger... Willi, hast du eine Liste zur Hand?

Dünnenberger:
Nein, wozu? Aber ich kann eine Reihe aus dem Kopf nennen: Universität von Srinagar in Indien – Archäologisches Mu-

* *Diese Fragen wurden bei einer Pressekonferenz gestellt.*

*seum und Universität in Kalkutta – Harvard Universität in Boston – University of California Medical Center in San Francisco – North Adams State College in Massachusetts – University of Pittsburgh – Eastern Illinois University in Charleston – Illinois Institute of Technology in Chicago, Illinois – University of Missouri in Columbia – Middle Tennessee State University in Murfreesboro – University of Georgia in Athens – Georgia University of West Florida in Pensacola – Florida University of Texas at el Paso, Texas New Mexico State University in Las Cruces – New Mexico Northern Michigan University in Marquette – Michigan Dalhousie University in Halifax – Canada Texas Christian University in Forth Worth – Texas University of New Mexico in Albuquerque – New Mexico Sir George Williams University – Montreal University of Tennessee in Knoxville – Tennessee University of Nebraska in Omaha – Nebraska Mankato State College – Minnesota Georgia State University in Atlanta – Georgie Tennessee Technical University in Cookville – Tennessee Eastern Kentucky University in Richmond – Kentucky University of West Virginia in Morgantown – The University of Utah in Salt Lake City – Utah University of New Hampshire in Durham – University of Buffalo – New York University of Nevada in Las Vegas – Georgia Institute of Technology in Atlanta – Georgia Illinois State University in Normal, Illinois – Illinois University of North Carolina…**

3 Danke, das reicht, danke schön. Ich beneide Sie um Ihr wandelndes Gedächtnis. – Herr von Däniken, mich würde noch interessieren, wie diese Vorträge zustande kommen. Wer lädt Sie ein?

In den USA ist das die Studentenschaft. Dort gibt es an den Hochschulen Gremien, die jedes Jahr von den Studenten

* Die Universitätsorte wurden vom Bearbeiter verifiziert und hinzugefügt

neugewählt werden, und diese Gremien beschließen jeweils mehrheitlich für ein Schuljahr, wer als Redner eingeladen werden soll. Übrigens fand nach jedem Vortrag eine Diskussion statt, aber die laufen anders ab als anderswo, sie sind nämlich im voraus organisiert. Das heißt: Die Studenten haben sich vor meinem Besuch gründlich mit meinen Büchern beschäftigt, und sie haben einen Fragenkatalog zusammengestellt. Diese Fragen werden mir von einem Sprecher vorgetragen. Das Verfahren hat Vor- und Nachteile. Der Nachteil: Es kann nicht jedermann seine Fragen loswerden, spontan abschießen. Aber, meine Herren, die Vorteile wiegen den Nachteil auf! Die Fragen sind konzentrierter, gezielter, oft auch wissenschaftlicher, als sie ein breites Publikum vorbringen kann, es gibt auch keine Wiederholungen, wie sie bei »normalen« Diskussionen immer wieder vorkommen. Und, dies hier unter uns gesagt: Es gibt auch nicht die Wichtigtuer, die in Diskussionen einen ganzen eigenen Vortrag loswerden wollen, die sich eine eigene Idee zurechtgemacht haben, die meistens mit dem Thema des Abends überhaupt nichts zu tun hat. Für mich ist es in solchen Fällen immer sehr schwierig, zu unterbrechen, weil die Leute denken können, das angeschnittene Thema wäre mir peinlich! Man braucht schon gute Nerven und einige Routine, um solchen Dauerrednern, die ja jede lebendige Diskussion kaputtmachen können, das Wort vorsichtig aus dem Mund zu nehmen.

Übrigens ist meistens vor den Riesenauditorien in Amerika die Wortmeldung durch Handhochheben überhaupt nicht möglich, ich sehe das gar nicht! Warum nicht? Sehen Sie, ich sprach an der Northern Michigan-Universität in Marquette, Michigan, vor zehntausend Zuhörern oder im Basketball-Stadion der Universität in El Paso, Texas, sogar vor elftausend. Ähnliche Zuschauermassen sind übrigens an den großen Universitäten keine Seltenheit! Sie können sich vorstellen, daß in einem solchen Rahmen überhaupt keine Diskussionen möglich wären, wenn nicht ein gewählter Sprecher ans Mikrophon ginge und sich zu Wort meldete!

4 Ich war Austauschstudent. Vor zwei Jahren habe ich Sie an der Universität von Buffalo sprechen hören. Irre ich mich oder wird drüben fairer diskutiert?

Sie irren sich nicht! Wenn ich beispielsweise in den USA eine Frage nicht beantworten kann, weil ich dazu nichts weiß oder weil sie in ein Fachgebiet geht, von dem ich keine Ahnung habe... ja, und wenn ich dann sage: Meine Herrschaften, ich weiß es nicht!, dann kriege ich regelrechten Applaus. Das Geständnis »Ich weiß es nicht« wird drüben als fair empfunden. Hier in Europa kann es passieren, daß ich ausgelacht oder ausgebuht werde, und am andern Tag kann ich dann noch in der Zeitung lesen – Verzeihung, meine Herren! –, daß ich mich vor Fragen gedrückt hätte.

5 Darf ich eine harte, indiskrete Frage stellen?

Nur los! Ich habe einen breiten Rücken und bin Ärger gewohnt!

6 Auf all Ihren Expeditions- und Vortragsreisen sind Sie, man sieht's auf den Fotos und in Ihren Filmen, sind Sie immer nur von Männern begleitet. Mögen Sie Frauen nicht?

(Gelächter)

Meine verehrte Dame, *Sie* würde ich ganz gern mitnehmen! (Lachen) Die Sache mit der Damenbegleitung hat einen ganz privaten Haken: meine Frau! Da sie weiß, daß ich dem zarten Geschlecht zugetan bin, kann und darf ich mit einer hübschen jungen Dame nicht auf Reisen gehen, meine Elisabeth würde mir die Augen auskratzen. Kommt hinzu, daß Reisen – vor allem Expeditionen – oft so strapaziös und so unberechenbar verlaufen, daß mein Respekt vor Frauen es nicht zuläßt, sie diesen Situationen auszusetzen, die oft, schon vom Hygienischen her, sogar für Männer, an die Grenze des Zumutbaren gehen. Außerdem, Sie haben es eben erlebt, bin ich auf mein wandelndes Gedächtnis, den Willi, buchstäblich angewiesen; aus Korrespondenzen kennt er bereits Leute und Namen von den meisten, die wir treffen werden, er weiß halt in allem Bescheid und kann aus seinem Gedächtnis abrufen, was so an Daten gefragt wird, für die ich keinen Sinn habe. Ich behalte nur exakt das, was mich interessiert, das allerdings geht auf Grund.

7 Arbeiten Sie in einem großen Team?
Nein. In meinem Büro und Archiv arbeiten nur zwei Personen, der Willi und eine, ich verspreche es Ihnen: *sehr* hübsche Dame, aber die ist erlaubt, weil verheiratet. Hilfskräfte für Expeditionen, aber auch Sachverständige, werden im jeweiligen Land angeheuert. Abgesehen davon, daß es so viel billiger wird, weil die teuren Anreisen wegfallen, hat es auch noch den Vorteil, daß die Einheimischen ihr Land kennen und vor eventuellen Gefahren warnen.

8 Würden Sie einen von uns auf eine Ihrer Reisen mitnehmen?
Warum nicht? Es müßten allerdings ein paar Voraussetzungen erfüllt sein. Wer mitfährt, müßte für seine Reisekosten selbst aufkommen, er müßte, mit einem Attest belegt, gesundheitlich fit sein und – es müßte ein netter Kerl sein. Good sport müßte er sein. Auf strapaziösen Reisen sind Querköpfe und Miesmacher nicht zu gebrauchen. Ein Ziel im Visier, kann man nicht kostbare Zeit verdiskutieren. Dafür kann man auch keine Nerven vergeuden...
Aber:
Vielleicht interessiert es Sie, zu erfahren, daß das Schweizer Reiseunternehmen *Kuoni* in Zusammenarbeit mit der

Lufthansa für den Herbst 1979 eine Zentral- und Südamerikareise plant, die an die Stätten meiner Bücher führen wird. Ich werde selbst mit von der Partie sein, damit die Reisegruppe auch tatsächlich an die von mir beschriebenen Fundplätze geführt wird und *die* Objekte zu sehen kriegt, von denen ich rede. Also, wenn Sie das interessiert, können Sie errötend meinen Spuren folgen. Damen sind eingeschlossen!

*

9* *Wie kommen Sie eigentlich an Ihre Informationen heran? Haben Sie angestellte Zulieferer?*
Nein, die habe ich nicht, aber eine kaum abschätzbare Zahl an sozusagen ehrenamtlichen Mitarbeitern. Der Grund liegt auf der Hand: Meine Bücher sind weltweit mit einer Auflage von über 40 Millionen Exemplaren verbreitet. Bedeutet: Ich »spreche« mit unzähligen Menschen, die ich persönlich nicht kenne, die Lektüre regt sie an, über »mein« Thema nachzudenken. Solche Leser schreiben mir, und sie bekommen alle, auch wenn ich das Mitgeteilte längst weiß, eine Antwort. Aber: Mit diesem Strom von Zuschriften kommen mir auch allerhand hochinteressante Hinweise auf den Tisch, oft schickt man mir, irgendwo aus einer Ecke der Welt, Fotos etwa von Felszeichnungen. Päckchen treffen ein mit alten Mythologien, wie sie irgendwo von Stämmen aufgezeichnet wurden, die sie heute noch erzählen, Dinge, von denen ich nie was gehört hatte. Freilich kommen auch kritische Briefe, und ich bin für jede sachliche Kritik dankbar.
Alle Briefe samt Antworten werden archiviert. Taucht Interessantes auf, frage ich zurück. Etwa: Woher haben Sie

* Alle ab hier dokumentierten Fragen wurden in Diskussionen nach Vorträgen Erich von Dänikens gestellt.

das? Aus was für einer Quelle stammt das? Können Sie bessere Fotos liefern, ich übernehme die Kosten?! Gibt es zu dem Mitgeteilten Äußerungen der lokalen Archäologie? Komme ich im einen oder anderen Fall zu der Ansicht, daß es sich um ein wichtiges Indiz handelt, dann setze ich den Ort mit einem Fähnchen auf meine nächste Reiseroute.
Ich muß wohl kaum sagen, daß Leserbriefe nicht meine einzige oder gar die hauptsächliche Informationsquelle sind. Ich lese sehr viel über Archäologie, über Mythologie. Ich halte mich auf dem laufenden über neueste Entwicklung der Raumfahrttechnik wie auch der Molekularbiologie.
Schließlich, und das ist das A und O, schließlich halte ich wohl als einziger Schriftsteller meines Themenkreises dauernd Vorträge in allen Ländern, und nach jedem Vortrag finden Diskussionen statt wie diese heute abend. Sehr oft lerne ich bei diesen Gelegenheiten Menschen kennen, die außerordentlich wertvolle Informationen mitzuteilen haben. Da sprach ich beispielsweise vor zwei Jahren an der Universität von Kalkutta. Da luden mich anschließend Sanskrit-Gelehrte zu einem Gespräch ein. Nie vorher und nie nachher habe ich soviel Präzises über fliegende Apparate erfahren, die in altindischen Texten beschrieben sind. Aus solchen Gesprächen ergibt sich oft eine Korrespondenz und, was das Schönste ist, oft auch eine Freundschaft.

10 Lesen Sie auch die Bücher Ihrer Konkurrenten?
Oft, aber nicht alle. Die meisten Autoren, die in meinem Planquadrat schreiben, kenne ich persönlich. Wir sind alle Mitglieder der »Ancient Astronaut Society« in Chikago. Diese gemeinnützige Gesellschaft sammelt alles Wissenswerte und tauscht es unter den Mitgliedern aus, halt so, wie auch Wissenschaftler korrespondierende Mitglieder von Fachgesellschaften sind.

11 Suchen Sie sich aus den vielen Informationen nur die raus, die Ihnen in den Kram passen?
Wenn Ihre Frage als Vorwurf gemeint ist, dann akzeptiere ich den Vorwurf! Bei der Fülle an Informationen kann ich nicht anders handeln wie die etablierte Wissenschaft, die auch selektiv arbeitet. Nehmen Sie doch nur mal ein Fachbuch – gleich welcher Themenrichtung, und Sie haben unter Garantie bereits eine Auswahl in der Hand, die der Autor treffen *mußte!* Der Autor will *seine* Meinung belegen. Gehen Sie in ein Museum! In den Vitrinen sehen Sie eine Auswahl, die hat die Museumsleitung vorgenommen. Sie kann ja nicht alles vorzeigen, was in Kellern und Archiven liegt, sie trifft die notwendige Auswahl. Übrigens: Was *ich* nicht veröffentliche, weil ich *meine* Linie belegen will, das steht dann doch alles als Kontroverse in Artikeln und Büchern meiner Gegner. Es ist deren verbrieftes gutes Recht, das vorzutragen, was ich nicht schrieb... wie es meins ist, dazu Stellung zu nehmen!

*

12 Vor ein paar Jahren warf Ihnen der Verfasser des Taschenbuches »Erinnerungen an die Wirklichkeit« vor, Sie hätten wesentliche Teile Ihres ersten Buches von Robert Charroux übernommen. Was haben Sie zu diesen Plagiatsvorwürfen zu sagen?
Natürlich sind mir die Vorwürfe bekannt, aber sie werden nicht dadurch richtiger, daß manche Leute sie immer wieder aufkochen! – Darf ich fragen, ob Sie je ein Buch von Robert Charroux gelesen haben?
Nein, habe ich nicht.
Sehen Sie, so wie Ihnen geht es allen, die das Taschenbuch oder bösartige Presseartikel gelesen haben. Machen Sie sich doch mal die Mühe und lesen Sie in Ruhe einen Charroux!

13 Sie weichen meiner Frage aus! Wie stehen Sie zu den Plagiatsvorwürfen? Das möchte ich wissen.
Während der Jahre von 1960 bis 1965 schrieb ich in verschiedenen Zeitungen und Zeitschriften Artikel zu meinem späteren Buchthema. Beispielsweise brachte die deutschsprachige kanadische Zeitung »Der Nordwesten« am 8. Dezember 1964 eine ganze Seite unter der Schlagzeile: »Hatten unsere Vorfahren Besuch aus dem Weltall?« – Damals gab es in Deutschland noch keinen Charroux! Das wissen meine guten Freunde nicht, die mir Plagiat vorwerfen... oder sie nehmen es ganz bewußt nicht zur Kenntnis. *So* objektiv ist man!

14 Herr von Däniken, ich habe Charroux gelesen! Es ist doch nicht zu übersehen, daß es zwischen den Büchern von Charroux und Ihren Büchern Gemeinsamkeiten gibt! Streiten Sie das ab?
Überhaupt nicht! Das ist doch unvermeidlich, wenn zwei – oder mehrere – Autoren das gleiche Feld beackern! Nehmen Sie mal die Bücher von zwei Archäologen, die sich überhaupt nicht kennen, die aber über den gleichen Fundplatz berichten. Hunderte Autoren äußerten sich in Hunderten von Büchern über das Tal der Könige in Ägypten. Sie interpretieren unterschiedlich, aber sie haben zwangsläufig Gemeinsamkeiten – eben das Tal der Könige! Mit Sicherheit hat keiner der Autoren vom anderen »abgeschrieben«! Wenn zwei – oder mehrere – Ärzte über die Therapie von Magengeschwüren schreiben, haben sie eine unangenehme Gemeinsamkeit – Magengeschwüre! – Um Sie vollends zu beruhigen: Robert Charroux hat den Plagiatsvorwurf gegen mich zurückgewiesen. Wenn's einer wissen muß, dann ist es Charroux. Noch eine Frage dazu?

*

15 Wieviel haben Sie eigentlich mit Ihren Büchern bisher verdient? Sind Sie, wie man oft liest, ein mehrfacher Millionär?

Schön wär's! Aber: Fragen Sie mich lieber, wieviel ich ausgegeben habe. Trotz des internationalen Erfolges meiner Bücher bin ich weit davon entfernt, ein vermögender Mann zu sein. Die Einnahmen gehen für meine Forschungen und für Entrichtungen an den Staat wieder hinaus. Meine Familie und ich, wir haben gut zu leben, und ich kann mein Hobby, das mein Beruf ist, finanzieren, Reisen, aufwendige Recherchen, viele und teure Bücher, ein Archiv, das es in meinem Fachgebiet gewiß nicht ein zweites Mal gibt. Wenn Sie sagen: das ist Millionen wert... dann bin ich Millionär. Im übrigen: Glauben Sie nicht alles, was die Zeitungen über mich schreiben.

16 Ist Ihre Bestseller-Schreiberei nur eine Masche, um den Leuten das Geld aus der Tasche zu ziehen? Pieter Coll sagt das in seinem Buch »Geschäfte mit der Phantasie«.

Ich kenne diesen Herrn nicht. Vielleicht war es *sein* Anliegen, als er das Buch schrieb. Ich kann Ihnen versichern, daß ich mich nie an den Schreibtisch setzte mit dem Gedanken, Geld zu machen. Ich habe keinen Vortrag und keine Diskussion, wie heute abend, mit der Absicht gehalten, Geld zu scheffeln. Mir geht es um die Sache. Um *meine* Sache. Wer was anderes behauptet, kennt mich nicht... oder er sagt wider besseres Wissen die Unwahrheit. Vielleicht erinnern Sie sich daran, daß ich vor der Veröffentlichung meines ersten Buches einige hunderttausend Franken Schulden gemacht habe, die ich in dieses Projekt investierte... ohne daß irgendwer mit letzter Sicherheit wissen, prophezeien konnte, daß sich diese Investition auszahlen würde. Ich glaube nicht, daß irgendwer – außer mir – von einem Erfolg überzeugt war!

17 Ist eigentlich Ihre Frau mit Ihrer dauernden Reiserei zufrieden?

Nein. Eindeutig: nein! Sie hat sich in 18 Ehejahren daran gewöhnt... Gewöhnen müssen. Man muß mich nehmen, wie ich bin.

*

18 Was halten Sie von Parapsychologie? Wie stehen Sie dazu?

Das ist ein weites Feld. Sie gehört nicht zu meinem eigentlichen Forschungsgebiet, aber ich bin ein brennend interessierter Laie. In meinem Buch »Erscheinungen« habe ich ausführlich dazu Stellung genommen. In »Erscheinungen« legte ich diese Spekulation vor: Außerirdische schufen menschliche Intelligenz »nach ihrem Ebenbild«. Die Außerirdischen wissen also, wie sich die menschlichen Gehirne, wie sich unser Verstand und Begriffsvermögen entwickeln werden... nämlich: nach ihrem Ebenbild.

Seit Jahrzehnten bemüht sich die Wissenschaft, parapsychologische Phänomene »aufzudecken«, zu erklären. Sie tut sich schwer, aber in der Ecke der Telepathie scheint sie ein Schrittchen weitergekommen zu sein. Trotzdem:

Wäre es auf der Basis endgültigen Wissens nicht möglich, daß wir Irdischen uns auf parapsychologischem Weg, vielleicht mittels Telepathie, mit den Außerirdischen verständigen könnten?

Die Logik sagt mir, daß eine telepathische Mitteilung, die ja in einer bestimmten Sprache gedacht wird, dann unmöglich ist, wenn der Empfänger der Mitteilung nicht dieselbe Sprache spricht. Es ist nicht anzunehmen, daß Außerirdische eine der 3964 Sprachen beherrschen, die derzeit auf unserer Erde gesprochen werden. Ist aus diesem gewichtigen Grund eine Kommunikation unmöglich? Vielleicht ist sie durch

Erscheinungen möglich. Durch Bilder, die gesendet werden und Emotionen auslösen. Beispielsweise durch das Bild einer schönen Frau, durch eine Madonna im Weltall, die Gefühle von Liebe und Frieden erweckt?!

*

19 Glauben Sie an ein Weiterleben nach dem Tode?
Auch darüber habe ich mich in »Erscheinungen« ausführlich geäußert. Wir sollten es hier doch so halten, daß ich nicht wiederholen muß, was in meinen Büchern ohnehin nachzulesen ist. Als knappe Antwort mag dies genügen:
Ich teile die Überzeugung phrenologischer Forscher, daß Bewußtsein eine Energieform ist. Nach dem Energiesatz der Physik kann keine Energieform verschwinden, sie kann sich nur in eine andere umwandeln. Bewußtsein kann also nicht verloren gehen, es *muß* existent bleiben. Wie und wo – ich weiß es nicht. Aber die moderne Todesforschung scheint zu bestätigen, daß der Tod kein definitives Ende ist.

20 Todesforschung? Was haben Sie denn da schon wieder erfunden?
Pardon, die habe ich, leider, nicht erfunden. Die Wissenschaft hat sogar schon einen ganz feinen Namen dafür... Thanatologie. Das kommt von dem griechischen »thanatos«, der Tod. Diese Wissenschaft sammelt Berichte von Menschen, die klinisch tot waren, die aber durch die Ärzte wieder ins Leben zurückgerufen werden konnten.
Alle diese Berichte stimmen in einem Punkt überein: Die klinisch Toten empfinden den Austritt ihres Ich, sie können sich selbst beobachten. Sie empfinden ein körperloses Bewußtsein, das in eine andere Wirklichkeit führt.

*

21 Sind Sie Atheist?

Nein, in keinem Winkel meines Bewußtseins und meines Herzens!

Sie werden mir das abnehmen, wenn Sie einmal davon ausgehen, ich hätte mit meiner Theorie recht.

Dann nämlich wäre unser Planet zu irgendeinem fernen Zeitpunkt von Außerirdischen besucht worden, und diese fremden Kosmonauten hätten unsere Vorfahren durch eine gezielte, künstliche Mutation intelligent gemacht.

Da stellt sich doch sofort die Frage: Wer hat denn diese extraterrestrischen Besucher intelligent gemacht?! Sind sie wiederum auf ihrem Heimatplaneten von anderen Fremden aus dem All besucht und intelligent gemacht worden?

Das ist eine Staffette, die über einige Millionen Sonnensysteme und einige Milliarden Jahre weit in die Urvergangenheit reichen kann.

Irgendwann aber ist die Staffette am Ende – oder richtiger: am Anfang allen Seins.

An diesem Punkt Null allen Werdens spreche ich mit großem Respekt von der *Schöpfung* – Religionen sprechen hier von Gott, meinen aber alle dasselbe Phänomen: die Urkraft, das Geheimnisvolle, den Beginn. Hier, genau hier, ist der Platz für das, was wir mangels eines besseren Begriffs *Gott* nennen.

Zugegeben: Über all die Jahre meines Suchens habe ich die vielen kleinen, irdischen Götter verloren, aber das Unfaßbare, das Unbeschreibliche der Schöpfung – Gott – habe ich nie verloren. Im Gegenteil. Es wird größer, unantastbarer und unbegreiflicher als je zuvor.

*

22 Erich, wo stehst du politisch?

Pardon: Kennen wir uns?

Nein. Woher?
Ich dachte nur...
Also, wo stehst du politisch?
Die Frage hat zwar nichts mit meinen Theorien zu tun, aber, wenn es dich interessiert... bitte!
Ich mag die extrem Rechten nicht. Weil sie in Staaten, in denen sie regieren, in Cliquen und oft auch mit Hilfe der Militärs herrschen. Es gibt dort Verbote, die sich meistens restaurativ, also fortschrittshemmend auswirken. Sie schützen sich vor angeblichen Unterwanderungen – beispielsweise.
Aber: Ich mag die extrem Linken noch weniger. In Staaten, in denen sie an der Macht sind, wird jedermann gegängelt und bespitzelt. Es hagelt Gebote und Verbote. Man kann nicht reisen, wohin man will, nicht lesen, was man lesen möchte. Ich bin gegen alles, was die Freiheiten der Rede, der Schrift, des Reisens, der beliebigen Lektüre und so weiter einschränkt.
Nun kannst du mich politisch einstufen, wo es dir Spaß macht.

*

23 Ausgerechnet in einem Science-fiction-Magazin hat man Ihre Bücher total verrissen und Sie zum Rassisten gestempelt. Haben Sie das gelesen? Sind Sie ein Rassist!?
Ich bin auf einen Presse-Ausschnitt-Dienst abonniert. Von dem kriege ich täglich, was so in der Welt über mich geschrieben wird. Alles kann ich nicht lesen, dazu langt meine Zeit nicht, aber, was wichtig für mich ist, das legt mir mein Sekretär vor. So habe ich zu meiner Verblüffung erfahren, daß ich in verschiedenen – nicht nur in einem! – Science-fiction-Magazinen verrissen wurde, und daß man mich als Rassisten beschimpfte.
Durch den Vergleich mehrerer solcher Artikel konnte ich

den kindischen Angriff rasch durchschaun: Da wurde ein politischer Stolperdraht gezogen!
Sie müssen wissen, daß es in der SF-Branche eine ganze Menge Spinner gibt und darunter eine bestimmte Sorte, die sich für fürchterlich klug und weitsichtig hält, in Wirklichkeit aber überholten, längst modifizierten marxistischen Vorstellungen nachhängt. Und da wird dann alles, was nicht ins Schema der alleinseligmachenden Lehre paßt, unter den Absatz gebügelt. Ich passe nicht ins Schema, und ich will Ihnen sagen: warum nicht.
Für Marxisten der reinen Lehre und für salonintellektuelle Kommunisten aller Schattierungen ist der Mensch das Höchste, das Nonplusultra. Aus toter Materie, aus Nichts, wurde der Mensch zu dem, was er heute ist. Gott oder Götter, die am Schöpfungsakt teilhatten, haben in diesem rein materialistischen Denken keinen Platz. Mit feiner Witterung haben diese Leute gerochen, daß ich von einer überraschenden Ecke her ihre ideologischen Kreise störe, und es stört sie vermutlich auch, daß sich gerade an den Universitäten vieler Länder aufgeschlossene junge Leute empfangsbereit für meine Theorie zeigen. Aus diesen und noch mehr Gründen verdammen mich die Armen im Geiste. Natürlich in der Geschlossenheit ihrer internationalen Kommunikation. Sollen sie!
Ohne Vorbehalte und Ausnahme kann ich feststellen, daß *alle*, die mich einen Rassisten nennen, daß alle diese Leute keins meiner Bücher gelesen, geschweige denn verstanden haben!
Stets rede ich davon, daß *der Mensch* durch eine gezielte, künstliche Mutation intelligent gemacht wurde. Sie können mich und meine Bücher schütteln und auf den Kopf stellen – Sie werden nirgendwo auch nur den leisesten Hinweis dafür finden, daß ich je davon gesprochen hätte, daß eine *bestimmte* Rasse Mensch intelligent gemacht worden sei. Da

alle Menschen aller Rassen intelligent sind und sich untereinander kreuzen können, geht die Hinterlassenschaft der Götter die *ganze* Menschheit an.
Lassen Sie mich mit einem Zitat aus meinem ersten Buch, aus »Erinnerungen an die Zukunft«, den Vorwurf, ich sei Rassist ad absurdum führen und ein für allemal widerlegen. Ich zitiere:
»Letzte Erkenntnis des Menschen wird es also sein, zu begreifen, daß seine bisherige Lebensberechtigung und alle seine Bemühungen um Fortschritt darin bestanden, aus der Vergangenheit zu lernen, um reif für die Existenz und den Konnex mit und in dem Weltraum zu werden. Wenn dem so sein wird, muß der klügste und letzte Individualist einsehen, daß aller Aufgabe darin besteht, das Universum zu besiedeln und allen Geist, jede Energie und Erfahrung weiterzutragen. Dann kann die Verheißung der ›Götter‹ wahr werden, daß Frieden auf Erden und der Weg in den Himmel offen ist.
Sobald die verfügbaren Mächte, Kräfte und Intelligenzen in die Weltraumforschung gesteckt werden, wird aus dem Ergebnis der Forschung die Widersinnigkeit der Erdenkriege überzeugend klar werden. Wenn *Menschen aller Rassen, Völker und Nationen* sich zu der *übernationalen* Aufgabe vereinen, Reisen zu fernen Planeten technisch durchführbar zu machen, rückt die Erde in solchen Dimensionen mit allen ihren Mini-Problemen in die richtige Relation zu den Vorgängen im Kosmos.« (Beifall)

24 Weshalb reagieren Sie denn nicht auf so perfide Vorwürfe wie den, Sie seien Rassist?!
Weil diese unsachlichen Attacken und ihre Urheber unter meinem Niveau sind!

*

25 Sie werden sehr viel und sehr heftig in der Presse angegriffen. Ich habe noch nie eine Antwort darauf von Ihnen gelesen. Dadurch entsteht ein falsches Bild. Man denkt, Sie können auf die Angriffe nichts sagen, und deshalb sei richtig, was drinsteht. Ich muß schon sagen, Sie sind selbst schuld an dem Bild, das über Sie entstanden ist. Warum wehren Sie sich nicht? Warum stellen Sie nicht richtig?
Durchschnittlich 200 Tage im Jahr bin ich nicht zu Haus. Um ehrlich zu sein: Wenn ich wieder daheim bin, habe ich weder Zeit noch Lust, alles zu lesen, was in der Zwischenzeit über mich geschrieben wurde. Und wenn ich wirklich einige Artikel lese – die mich, ich gebe es zu, genauso ärgern wie Sie! – wenn ich die lese, dann sind sie meistens schon zu alt für eine Antwort von mir. Ich kann keiner Zeitung zumuten, meine Zuschrift abzudrucken, die sich auf einen Artikel bezieht, der schon zwei Monate früher erschienen ist. Das ist für Zeitungen Schnee vom letzten Jahr. Mein Einwand ist dann nicht mehr aktuell.

26 Gehen Sie doch vor Gericht! Klagen Sie mal!
Verzeihen Sie, wenn ich lache! Wie sieht denn das in der Praxis aus? Also, wenn ich klagen würde, dann müßte ich erst mal einen guten Anwalt engagieren, und der verlangt dann einen Vorschuß von ein paar tausend Mark. Nehmen Sie an, ich bekäme recht in der ersten Instanz, dann würde die beklagte Partei die nächsthöhere Instanz anrufen. Bedeutet für mich: neuer Zeit- und Geldverlust. Aber wir sind dann ja noch nicht am Ende, der Verlierer kann auch noch die letzte Instanz in Bewegung setzen, ein Weg, den ich – wennschon, dennschon! – natürlich auch begehen würde, wenn ich in einer Instanz unterläge! Ich zahle also wieder, kann nicht verreisen, kann keine Vorträge halten, weil ich zu weiteren Terminen erscheinen muß und außerdem braucht das alles viel Vorarbeit, weil ich ja meinem Anwalt Munition liefern muß.

Glauben Sie mir: *Jede* beklagte Redaktion ist mit ihrem Verlag im Rücken reicher als ich. Und: Was passiert denn, wenn ich schließlich durch alle Instanzen gewonnen habe?! Dann wird nach zwei, drei Jahren der Zeitung oder Zeitschrift auferlegt, eine Richtigstellung zu veröffentlichen. Und der Leser hat längst vergessen, worum es da eigentlich ging. Zu guter Letzt sitzt dann die Redaktion immer noch am längeren Hebel: Sie würde die Richtigstellung fraglos wieder mit einem – sicher juristisch nicht mehr angreifbaren – höhnischen Kommentar versehen! So sieht die Wirklichkeit aus. Wollen Sie mir immer noch raten, vor Gericht zu gehen?

*

27 Kommt nächstes Jahr ein neues Buch von Ihnen?
Nein, ganz bestimmt nicht.

28 Dann 1979?
Ich kann's nicht sagen, ich weiß es nicht. Ich arbeite nicht nach einem Jahresfahrplan, ein Buch muß reif sein, und dann schreibe ich es. Ich habe da einige Feuer im Eisen, Verzeihung, ich meine natürlich Eisen im Feuer und wenn eins davon glüht... dann! Ich darf mich nicht wiederholen, das würden Sie mir mit Recht übelnehmen. Ich brauche wieder Recherchen und viele Reisen, beides kostet sehr viel Arbeit, Zeit und Geld. Wenn Sie mich heute nach einem Datum fragen, dann nehme ich eher an, daß 1980 ein neues Buch erscheinen wird. Aber, ich will aus meinem Herzen keine Mördergrube machen, aber ich beschäftige mich seit langem in meinen »stillen Stunden« mit einem Romanprojekt. Vielleicht entschließe ich mich wirklich dazu, und das wäre dann ein Buch, das 1979 erscheinen könnte.

29 Werden das Ihnen aber Ihre Gegner nicht sehr übelnehmen?

Sollen Sie! Da kann ich nur lachen! Falls ich den Roman schreibe, befinde ich mich in allerbester Gesellschaft! Vielleicht haben Sie mal von dem britischen Mathematiker und Astronomen Sir Fred Hoyle gehört. Nein? Hoyle ist ein ganz berühmter Wissenschaftler, er hat aus der allgemeinen Relativitätstheorie eine Theorie für ein isotropes Modell des Universums entwickelt, das die kontinuierliche Entstehung von Materie nachweist. Das ist die weithin akzeptierte sogenannte »steady-state-Theorie«. Dieser exzellente Wissenschaftler wurde aber auch als Autor glänzender Science-fiction-Romane bekannt. Seine Kollegen haben ihm das anfänglich übelgenommen, aber sie haben sich daran gewöhnt.

Falls ich einen Roman schreibe, werde ich mich auch in der Gesellschaft von Arthur C. Clarke bewegen. Clarke studierte Mathematik und Physik, er ist Mitglied der ehrwürdigen Royal Astronomical Society, er war Präsident der British Interplanetary Society. Clarke bekam eine Reihe renommierter Auszeichnungen für seine Arbeiten über Flugwesen und Raumfahrt ... ja, und dieser Herr Clarke schreibt Science-fiction-Romane, die weltweit über fünf Millionen Auflage erreichten.

Muß ich sagen, daß auch Clarke deswegen attackiert wurde? Man darf die Neider nicht so ernst nehmen!

*

30 Ihre Bücher haben eine Weltauflage von 38 Millionen Exemplaren.

Sogar etwas mehr!*

* Stand der Weltauflage der sieben Däniken-Bücher am 1.12.1977: über 41 Mio Exemplare.

31 Jedes Buch hat eine Höhe von 20 Zentimeter. Aneinandergelegt, ergeben 38 Millionen Bücher eine Strecke von 7600 Kilometern. Wußten Sie das?
Nein, ich kam nie auf die Idee, das auszurechnen. Außerdem bin ich ein schlechter Rechenkünstler.

32 Im Schnitt sind Ihre Bücher 3,5 Zentimeter dick. Aufeinandergelegt ergeben sie einen Turm von 1330000 Metern!
Interessant, ich kann's nicht nachrechnen, aber ich weiß auch nicht recht: was soll's?!

Nichts. Ich wollte Ihnen nur mal vorrechnen, wem Sie alles über den Kopf gewachsen sind!
Danke für die Blumen!

*

33 Sind Sie gegen den Bau von Atomkraftwerken?
Nein.

34 Was?! Ein Mann wie Sie, der sich derart mit der Zukunft beschäftigt, der hätte doch die verdammte Pflicht, seine Leser und Zuhörer immer wieder auf die ungeheure Gefahr der Nutzung von Atomenergie hinzuweisen. Sind Sie zu feige dazu?
Mein Herr, wollen Sie diesen Abend in eine Kernenergie-Diskussion umfunktionieren? Wir haben heute abend ein anderes Thema ...

35 Der mutige Herr von Däniken kneift! Mit der Wissenschaft, da legen Sie sich an, wenn aber hier Ihre Leser eine Kernfrage stellen, dann kneifen Sie! Haben Sie nicht zu Beginn gesagt, Sie würden alle Fragen zu Ihrem Fachgebiet und zur Person beantworten?

Das habe ich gesagt, und dazu stehe ich auch. Aber: Ihre Frage gilt weder der Sache noch der Person!

36 Nein?! Gilt das nicht der Person, wenn ich sage, Sie sind zu feige, zu einem so brennenden Thema Stellung zu nehmen?!

(Gelächter)

Zu feige? Habe ich Ihnen nicht auf Ihre Frage, ob ich gegen den Bau von Atomkraftwerken bin, mit einem klaren »nein« geantwortet. Ich meine, derzeit gehört doch bereits eine Portion Mut dazu, sich als Befürworter der Nutzung von Kernenergie zu bekennen ...

(Buhrufe und Pfiffe)

Da! Sie hören es, meine Damen und Herren! Man hat mir eine Frage gestellt. Doch wohl, um meine Meinung zu hören! Und die habe ich mit einem einzigen deutlichen Wort beantwortet. Wollen wir es, bitte, dabei belassen!

(Rufe wie »Nein«, »Kneifen Sie nicht!«, »Feigling«, »Antworten Sie!« etc.)

Meine Damen und Herren, ich merke, daß heute abend die Atomenergiegegner in der Überzahl sind. Wir werden zu keiner vernünftigen, ruhigen Diskussion mehr kommen, wenn ich nicht Stellung nehme. Ich habe aber eine Bitte: Halten wir es wie bisher, lassen Sie mich in Ruhe *meine* Ansichten vortragen.

Also:

Als ich vor einigen Jahren die ersten Propagandaschriften las, wurde ich auch gegen die Nutzung von Atomkraft eingestellt. Mir sind also von Anfang an die Argumente der Gegner der Nutzung von Atomkraft bekannt. Aber: Mir wurde allzusehr mit Schlagworten argumentiert, ich vermißte das sachliche Für und Wider. Um meine eigene Position zu klären, ging ich mit genau der Methode vor, die ich immer anwende ..., ich suchte die richtige Adresse! Am

richtigen Ort fand ich die *richtigen* Wissenschaftler und Techniker. Und die habe ich gefragt. Und: Ich war in Atomkraftwerken, die in Betrieb sind.
Bei meinen Recherchen habe ich dann sehr bald erfahren, daß im Propagandamaterial der Atomkraftgegner Zitate von international anerkannten Physikern aus dem Zusammenhang gerissen wurden. Ich nahm mir die Einlassungen der Fachleute zur Gänze vor und stellte fest, daß ihre Ansichten einen völlig anderen Sinn ergaben als die, die gekürzt in den Flugblättern standen! Das gefiel mir nicht. Überhaupt nicht. Die Atomgegner reiten einige Paradepferde und politisch engagierte Auch-Fachleute – wie etwa den Futurologen Robert Jungk, der seine Zukunft längst hinter sich hat, der aber auf den Bildschirmen immer mit bedeutendem Augenaufschlag und Dackelfalten auf der Stirn zu beeindrucken vermag.
Schwarz auf weiß las ich es, und ich hörte es auch, daß heute tatsächlich die verantwortlich und berufsmäßig mit Atomkraft beschäftigten Wissenschaftler und Techniker *für* die Nutzung von Atomkraft eintreten.

37 Die werden ja von der Atom-Lobby bezahlt! Oder nicht!?
Mit derart platten Behauptungen machen Sie mir keinen Eindruck! Die breite Front von vernünftigen, weit vorausschauenden, sehr verantwortungsvollen Wissenschaftlern in der ganzen Welt wird nicht von der Kernkraftwerksindustrie bestochen – das wollen Sie doch wohl sagen! –, und sie steht dennoch für die Nutzung von Atomenergie ein.

38 Sie werden doch bestochen! Geld stinkt nicht!
Wollen Sie behaupten, die russischen Wissenschaftler brauchten eine Lobby?! Die arbeiten *nur* im Auftrag ihrer Führung an der Nutzung von Nuklearenergie, und die klu-

gen und weitsichtigen Herren im Kreml *wissen,* daß die wirtschaftliche Zukunft der Comecon-Länder ohne Kernkraft im Eimer ist. Deswegen – ich hoffe, Sie haben es gelesen! –, deswegen beschlossen die Comecon-Länder Ende Juni '77 in Warschau, bis 1980 über zehn Mrd. US-Dollar in das Kernenergieprogramm zu investieren. Hören Sie gut zu: In Warschau wurde auch beschlossen, einen Kernkraftwerkstyp mit einer Leistung von je 700 MW ab sofort *in Serie* zu bauen! Die Russen sind viel zu klug, als daß sie nicht die Auseinandersetzungen im Westen ausnutzen würden, um einen rasanten technischen Schritt nach vorn zu tun! Und nun hören Sie noch mal gut zu: Es wurde auch beschlossen, Kernkraftwerke aus der Serienproduktion in Entwicklungsländer zu exportieren.

39 Wo lesen Sie denn nur einen solchen Unsinn?!
Das konnte jeder, der lesen kann, in der internationalen Presse lesen, und die zitierte eine TASS-Meldung über die Warschauer Konferenz. Sie sind auf einem Auge blind, ich muß das, leider, sagen. Das, was ich Ihnen eben sagte, war »amtlich«, und damit Sie zufrieden sind, kann ich Ihnen auch noch sagen, daß ich einen Bericht in einer kommunistischen Werkszeitschrift las, die man mir in Dortmund zeigte. Der Artikel berichtete – mit Recht! – ganz stolz über den Fortschritt in der Sowjetunion! Lassen wir doch die Kirche im Dorf und die herrlichen Zwiebeltürme im Kreml!

(Lachen)

Lassen Sie mich nur in Kürze vorbringen, was meiner Ansicht nach von den Atomenergie-Gegnern irrtümlich vorgebracht wird.
Da wird immer wieder behauptet, und ich verstehe gut, daß das in frischer Erinnerung an Hiroshima fürchterliche Angst einjagt, da wird behauptet, Atomkraftwerke wären so gefährlich wie eine Atombombe, und beim Zusammen-

treffen einer Serie von Faktoren könnte so eine »Kraftwerksbombe« explodieren. – Diese Behauptung ist, ich muß es so deutlich sagen, absoluter Quatsch! Würde ein Atomkraftwerk in die Luft gehen, dann wären gleichzeitig auch sämtliche physikalischen Gesetze außer Kraft gesetzt, und dann hätten wir längst einpacken müssen, ob mit oder ohne Atomenergie, denn mit diesen Gesetzen leben wir ja schon eine ganze Weile!

Es wird behauptet, Naturereignisse – etwa ein Erdbeben – könnten einen Reaktor zerstören, und dann würden radioaktive Strahlen für alle Zeit die Umwelt verseuchen. An diesem Argument ist was dran! Ein *sehr, sehr* schweres Erdbeben könnte, aber auch da bewegen wir uns nur im Rahmen äußerster statistischer Möglichkeiten, das *könnte* eine Katastrophe bewirken. Das wäre dann eine Situation wie im Kriegsfall ..., aber mit Nuklearenergie für Waffen leben wir seit Jahren unter unserem Himmel!

Darf ich daran erinnern, daß man sich anfänglich, auch ohne wohlorganisierte, manchmal scheint's: hauptberufliche Bürgerinitiativen, daß man sich gegen den Bau von Wasserkraftwerken zur Wehr gesetzt hat? Unsere Großeltern und Urgroßeltern!? Und daß auch diese Oldtimer der Energieerzeugung schon Katastrophen auslösten, wenn die Staumauern brachen?! Gab es denn bei Kohle- und Ölkraftwerken *keine* Unfälle, die die Umwelt aufs schwerste belasteten? Verzeihung, ich vergaß, daß ja auch Kohle- und Ölkraftwerke nicht mehr gebaut werden sollen. Zurück zur Ölfunzel! Zurück zur Natur!

Es wird gesagt, mit dem anfallenden Atommüll würden wir Kind und Kindeskind gefährden! Meine Damen und Herren, da bin ich nun wissenschaftsgläubig! Es passierte doch sozusagen erst gestern, daß Max Planck seine Strahlungsformel fand, daß Niels Bohr das erste Atommodell schuf, daß Otto Hahn die Kernspaltung von Uran gelang! Und heute können wir bereits Kernenergie anwenden! Den Weg bis zu diesem Punkt halte ich für schwieriger als *den* Weg zu finden, der den Atommüll unschädlich machen wird. Immerhin wissen wir doch schon, daß Atommüll sich in Blei und Beton eingießen läßt, um ihn für Jahrzehnte unschädlich zu machen. Immerhin wissen wir schon, daß diese Müllblöcke in Kavernen über Jahrhunderte unschädlich für die Umwelt lagern können! Wir *werden* Deponien für den Atommüll finden, die die Umwelt nicht schädigen, da bin ich ganz sicher. Und: Die kommenden Generationen werden nicht dümmer sein, sie werden diese Deponien unter Kontrolle halten ... und wahrscheinlich andere, einfachere Lösungen finden für die Vernichtung von Atommüll, für diesen bösen Abfall, der heute die Diskussionen beherrscht.

40 Machen Sie doch mal einen Vorschlag!
Kühner Zwischenrufer, was verlangen Sie eigentlich *noch* von mir?! Ich kann Ihnen nur sagen, was von der Wissenschaft diskutiert wird. Vielleicht wird man eines Tages den Atommüll in die Sonne oder in ein »schwarzes Loch« schießen! Was heute noch aus Kostengründen unmöglich ist, muß ja nicht in Zukunft unmöglich sein! *Ich* habe Vertrauen in die Zukunft, es *werden* Lösungen gefunden werden, von denen *wir* uns nichts träumen lassen ...

41 Was sind denn das nun wieder für obskure »schwarze Löcher«? Von Ihnen erfunden?
Ach, mein Herr, ich bin ja bereit, Ihnen Rede und Antwort zu stehen, aber ich bin nicht bereit, Ihnen Nachhilfeunterricht über den Stand moderner Wissenschaft zu geben. Sie haben eine schwarze Informationslücke, schließen Sie sie doch!

42 Die Plutoniumgefahr lassen Sie wohl absichtlich aus? Man liest, Terroristen könnten aus Plutonium Atomsprengköpfe basteln und ganze Völker bedrohen!
Da gebe ich Ihnen recht. Deshalb bin ich auch gegen den »schnellen Brüter«, weil der ein Vielfaches an Plutonium produziert als ein »normales« Atomkraftwerk.

43 Sie sind ein eifriger Zeitungsleser. Ist Ihnen eigentlich entgangen, wie viele tödliche Unfälle in Atomkraftwerken vorkommen?
Moment, ich kann Ihnen exakt antworten, dazu stand heute was in der Zeitung ... Hier, die Gewerkschaft Bergbau und Energie in Deutschland teilt mit, daß es in den 173 Kernkraftwerken, die auf der Welt in Betrieb sind, daß es in diesen Werken von 1945 bis 1975 nur sieben Todesfälle durch Strahleneinwirkung gab. Ich bin mir sicher, daß es in Kohle-, Öl- oder Wasserkraftwerken mehr Todesfälle in dreißig Jahren gegeben hat, nur spricht man nicht darüber. Außerdem hat die Welt-Atomenergie-Behörde festgestellt, daß bisher noch kein ernsthafter, die Umwelt bedrohender Unfall passiert ist! Technische Pannen, wie sie vorkamen, und die dann, riesig aufgemacht, publiziert wurden, solche Pannen kommen tagtäglich in Industriewerken aller Branchen vor, aber außer einer Notiz in der örtlichen Presse hört man nichts davon! Menschenleben ist aber gleich Menschenleben, gleichgültig, wo es umkommt.
Gibt es in einem Atomkraftwerk einen Leitungsbruch, der durch vielfach eingebaute Sicherungen gleich unter Kontrolle ist, dann wird daraus eine Sensation mit Weltuntergangsstimmung gemacht. Äußerste Sorgfalt, jede nur denkbare Sicherung, das alles sind selbstverständliche Voraussetzungen, aber, meine Damen und Herren, es scheint mir unstatthaft und hysterisch, wenn mit ungleichen Maßstäben gemessen wird! Und das nur, um Menschen rebel-

lisch gegen eine notwendige Entwicklung zu machen. Menschliches Versagen gibt es überall, aber ich bin überzeugt, daß nirgendwo sonst so auf Sicherheit gegangen wird wie in Atomkraftwerken. Daß Atomkraftwerke die sauberste Energie unseres Jahrhunderts liefern, das bestreitet doch wohl im Ernst niemand! Und daß sie zugleich die sicherste ist, das ist meine Überzeugung, ob es Ihnen gefällt oder nicht!

(Beifall und Buhrufe)

44 Ich bestreite das! Bauen wir doch mehr Kohlekraftwerke! Sind wir damit bisher nicht ausgekommen?!
Sie sind fanatisch, aber Sie sind auch schlecht informiert! Im Gegensatz zu den ziemlich umweltfreundlichen Kernkraftwerken stoßen Kohlekraftwerke ganz enorme Mengen von Schwefeldioxid aus, von den anderen Giftstoffen gar nicht zu reden. Gerade in Ballungszentren, in deren Nähe solche Kraftwerke ja angelegt werden müssen, gerade dort führen die Abgase von Kohlekraftwerken zu unerträglichen Gesundheitsschädigungen. Umweltschutz geht immer mit Schutz der Landschaft Hand in Hand. Wissen Sie eigentlich, daß Kohlekraftwerke viel, viel mehr Platz brauchen als Kernkraftwerke?! Daß überdies Kohlestrom ungleich teurer ist als Atomstrom, das ist wohl kein Argument, das bei Ihnen ankommt ...

45 Man muß eben die vorhandene Energie gleichmäßig verteilen!
Gleichmäßig unter wem oder an wen?

46 Die Industrie muß Strom sparen!
Die Industrie braucht ja nicht mal die Hälfte des erzeugten Stroms! Wenn Sie schon den Mangel gleichmäßig verteilen wollen, dann geht das ans Eingemachte, mein Herr! Das

geht an die Elektrogeräte in Ihrer Wohnung, in Ihrem Haushalt!
Wissen Sie denn, wie man erreichen will, den Mangel zu verteilen? Gleichmäßig, wie Sie sagen?! Die Strompreise sollen so drastisch erhöht werden, daß einem die Freude daran vergeht, das Geschirr mit der Spülmaschine zu säubern – daß man sich den Staub lieber kalt als mit warmem Wasser vom Leibe wäscht – daß man ohne Vorräte lebt, weil die Kühltruhen im Betrieb zu teuer werden, selbst das Fernsehen soll unbezahlbar teuer im Gebrauch werden!
Ich nehme mal an, daß Sie das alles akzeptieren wollen, wie sieht es dann aber mit der Arbeitslosigkeit aus? Bald werden keine Waschmaschinen, keine Staubsauger, keine Radios und so weiter gekauft, weil man sich den Betrieb nicht mehr leisten kann. Arbeitsplätze en masse fallen aus. Fallen weg. Für immer. Wollen Sie das? Wollen Sie mehr Armut, ist das Ihre Vorstellung von gleichmäßiger Verteilung des Mangels? Oder wollen Sie gleich der Industrie den Strom abdrehen? Ich begreife nicht, was in Ihrem Kopf vorgeht! Sie denken die Entwicklung einfach nicht zu Ende...

47 Bürgerinitiativen mit Hunderttausenden laufen in aller Welt Sturm gegen Atomkraftwerke. Sind denn das alles Idioten?!

Beileibe nicht, aber es gibt zwei Kategorien von Atomkraftgegnern. Da sind die politisch Motivierten, und das sind die eigentlichen Drahtzieher. Denen geht es in Wirklichkeit um ganz etwas anderes als vor den Gefahren der Nuklearenergie zu warnen.
Und da ist die andere Kategorie, die gar nichts, aber überhaupt nichts mit dieser ersten Kategorie zu tun hat! Zu ihr zählen besorgte und besonnene Bürger, die ehrlichen Herzens glauben, für eine gute Sache einzustehen. Aber: Die sind, leider, sachlich nicht richtig und auch nicht ausrei-

chend informiert. Sie haben – und das spricht für die Geschicklichkeit der ersten Kategorie –, sie haben Teile von deren Argumentation guten Glaubens übernommen.
Glauben Sie denn, es wären nicht genauso ehrliche Bürger gewesen, die sich im 19. Jahrhundert zusammentaten, um gegen die Einführung der Elektrizität zu opponieren? Was wäre denn geschehen, wenn es damals schon Bürgerinitiativen gegeben hätte, deren Aktivitäten durch Rundfunk, Fernsehen, Presse und Parteien publik gemacht worden wären, die ob der seltsamen neuen Erfindung »Elektrizität« den Weltuntergang an die Wand gemalt hätten? Mit ganz ähnlichen Argumenten wie heute. Denn: Elektrizität war ja damals auch eine ganz unheimliche Erfindung!
Gott sei Dank, kann man heute nur sagen, gab es damals keine Bürgerinitiativen. Wir hätten kein elektrisches Licht, kein Radio, kein Telefon, keinen Fernseher, keine Kühlschränke. Wir alle lebten noch in einem unterentwickelten Land. Unterentwickelte Länder kenne ich von meinen Reisen, und ich verspreche Ihnen, auch und gerade denen, die so sehr gegen Atomkraft sind, ich verspreche Ihnen: *Keiner* hier im Saal möchte dort leben!... Nein, mein Herr, *Sie* auch nicht!
Ich finde es gut und notwendig – wir in der Schweiz praktizieren das ja schon seit Urzeiten! – ich finde es gut, wenn der Bürger bei allen wichtigen Entscheidungen mitspricht, ja, durch sein Votum mitentscheidet. Bei dieser meiner Grundeinstellung aber meine ich doch, daß wir uns die Meinung der Fachleute genauer anhören sollten, daß wir nicht so schrecklich leicht unsere Ohren einer doppelbodigen Agitation herleihen sollten. Da es ja hier wirklich um – vielleicht die entscheidende! – um eine Zukunftsfrage geht, sollten wir uns Watte in die Ohren stopfen, wenn Politiker sich aus wahltaktischen Gründen an die Spitze einer scheinbar populären Welle setzen. Ich mag Politiker nicht, die ihr

Fähnchen nach jedem Wind drehen, von Politikern erwarte ich, daß sie den Wind *machen.*

(Beifall)

48 *Ich bin eine Hausfrau und Mutter, die aus Sorge um ihre Kinder bei den Anti-Atommärschen mitgegangen ist. Sie sprachen von politischen Gegnern. Mit Politik habe ich nichts zu schaffen. Bitte, nennen Sie mir jene Leute, die ein politisches Geschäft mit uns machen...*

Bitte, meine Dame, ich möchte das Thema nun wirklich nicht mehr weiter ausführen, es ist nicht das Thema des Abends. Ich bin gern bereit, daß wir uns nachher unten im Restaurant zusammensetzen. Bei einem Glas Wein können wir uns weiterunterhalten...

(Lärm. Zwischenrufe:
»Ja!« – »Antwort!« – »Feigling!« – Pfiffe)

49 *Bitte, diese Frage müssen Sie noch beantworten!*

Gut. Sie wollen meine Meinung haben. Den politisch Motivierten dient die Atomkraft nur als Vorwand dafür, unser Gesellschaftssystem zu ändern. Bitte, unterbrechen Sie mich nicht...

Die Rechnung ist einfach. Weniger Energie bedeutet mehr Arbeitslose. Mehr Arbeitslose bedeutet mehr unzufriedene, mehr leichter manipulierbare Menschen. Bedeutet aber zugleich mehr staatliche Ausgaben für Arbeitslosengeld und soziale Leistungen. Und der Staat, der muß sich die Gelder durch mehr Steuern und andere Abgaben von den arbeitenden Bürgern wiederholen. Folge? Der Kreis der Unzufriedenen wächst. Die Volksmasse wird nach und nach zu einem Pulverfaß, an das nur noch die Zündschnur gelegt werden muß. Das politische Chaos ist da! Genau das, was die politischen Drahtzieher bei den Anti-Atomkraftdemonstrationen zu erreichen wünschen.

Weniger Energie gleich weniger Produktion gleich weniger Arbeitsplätze gleich mehr Unzufriedenheit mit der Folge von Aufruhr und Umsturz!
Meine Damen und Herren, es ist längst zu spät, nach dem Anlaß zu fragen, aber gäbe es ein anderes, ähnlich konzentriertes Ziel, ich nehme an, man würde auch ein anderes Angriffsziel auf unsere Ordnung nehmen. *Dieses* ist nur ein Vorwand!
Dieses Diskussionsthema, in das man mich hineingedrängt hat, dieses Thema ist mehr als abendfüllend. Aber wenn Sie mich schon so beharrlich fragen, werde ich mindestens einige Streiflichter setzen, die Sie vielleicht nachdenklich stimmen.
Für wie sicher, meine Damen und Herren, für wie sicher halten Sie denn eigentlich die Energieerzeugung mit der wir leben? Der wir Fortschritt und Wohlstand verdanken?
Bis vor nicht langer Zeit boten Meteorologen für den Vorgang der Klimaveränderung, die wir ja alle beobachten, fast genauso viele Theorien an wie ihre Zunft erhabene Häupter zählt. Nun aber haben sie sich alle darauf geeinigt, daß die Menschheit selbst das Klima verändert und sich allmählich umbringt. Nein, nein, nicht durch Nuklearenergie, sondern durch das Heizen mit Holz, Kohle und mit Öl und Erdgas. Über vier Milliarden Menschen sind mitschuldig am erschreckenden Klimawechsel... weil sie alle nicht frieren und weil sie alle arbeiten wollen! Aber: Mit dem Verbrennen von Holz und fossilen Vorräten pusten sie derart ungeheure Mengen an Kohlendioxid in die Atmosphäre, daß sich das Kohlendioxid wie ein undurchlässiger Schild um die Erde legt. Wie ein tödlicher Schild. Die Erde kann die Wärme, die sie von der Sonne aufnimmt, nicht wieder zurückstrahlen, der Schild läßt sie nicht durch. Was wird, und wir erleben es ja, was wird die Folge sein?
Die Wissenschaft sagt: Wenn dieser Zustand nicht geändert

wird, dann werden schon in 20, 30 Jahren heute fruchtbare Landschaften in Dürre umkommen! Dann wird das Kohlendioxid, das wir *alle* produzieren, die chemischen Abläufe in der Atmosphäre derartig verändern, daß gewaltige Klimaumstellungen zu einer Katastrophe führen werden, führen müssen.

Das Fatale ist, daß die Kohlendioxid-Glocke in der Atmosphäre kaum abbaut! Von den in den letzten 100 Jahren erzeugten Kohlendioxid-Mengen existieren heute noch, zu dieser Stunde, immer noch rund 50 Prozent, und wir alle liefern stündlich neue, gigantische Mengen »nach oben«! Ja, und wenn man schon gegen Atomenergie agitiert, dann muß man auch wissen und sagen, daß die Biomasse, die in der Photosynthese Kohlendioxid aufnimmt und als Sauerstoff wieder abgibt, daß diese Biomasse längst durch das weltweite Abholzen von riesigen Wäldern geschwächt und erheblich gestört ist.

Auch *dieses* Problem, meine Damen und Herren, das Verbrennen von Holz und Kohle, von Öl und Erdgas, das muß technologisch gelöst werden, wenn die Menschheit überleben soll. Gelöst werden durch neue Energieformen, und da ist Nuklearenergie die erste praktikable Lösung und noch dazu die sauberste Lösung der Energiegewinnung. Mindestens ist derzeit nichts Besseres am Markt. Wenn es je etwas Besseres gibt, dann soll mir die Atomenergie gestohlen bleiben. Aber: Man kann nicht immer nur *gegen* etwas, man muß auch *für* etwas sein. Leben und Fortschritt haben ihren Preis, wie wir alle wissen, einen unbezahlbaren Preis, wenn wir so weitermachen wie bisher.

Zum Schluß, zum wirklichen Schluß dieser ungewollten, von mir aus ungewollten, Diskussion, kann ich mir ein pikantes Detail nicht verkneifen. Im Frühjahr dieses Jahres (1977) fand bei Däniken – ich kann nichts dafür, diese Ortschaft liegt in der Schweiz und sie heißt so –, fand also bei

Däniken eine Anti-Atomdemonstration statt. Die solothurnischen Behörden boten aus Nachbarkantonen rund 1000 Polizisten zum Schutz des fertigen Atomkraftwerks auf. Die Gesamtkosten für diese Sicherheitsmaßnahmen beliefen sich auf über zwei Millionen Schweizer Franken! Wissen Sie, wer das bezahlt hat? Sie und ich, wir Steuerzahler! Nicht etwa die Demonstranten!

50 Sollen doch die Besitzer der Atomkraftwerke blechen!
Sie irren sich, unbekannter Freund! Atomkraftwerke gehören, mindestens in der Schweiz, überwiegend dem Bund, den Kantonen, den Gemeinden und anderen öffentlichen Institutionen. Die Geprellten sind also allemal die Steuerzahler!

(Unverständliche Zwischenrufe)

Nein, bitte haben Sie Verständnis dafür, wenn ich diese Diskussion jetzt beende... Wer hat jetzt endlich Fragen zu meinem Vortrag oder zu meinen Büchern? Bitte...

51 Ich will Ihnen genau sagen, was mich an Ihren Theorien stört. Sie erschlagen den Leser mit Beispielen aus der Chemie, aus der Physik und der Technik. Sie berichten aus dem Archäologischen. Dann kommen Sie mit einem Wasserfall von Zitaten aus der Bibel, aus dem Gilgamesch-Epos und aus Ich-weiß-nicht-was-alles. Was soll man als Leser tun? Ihre Deutungen akzeptieren? Haben sich dann alle anderen geirrt?! Andere beweisen mit den gleichen Texten doch ganz andere Hypothesen. Wo soll nach Ihrer Ansicht der ideale Leser stehen?
Ich wünsche mir den kritischen, weltoffenen Leser, der anerzogene oder angelernte Scheuklappen ablegt – den Leser, der mitdenkt und – meinetwegen – mitspekuliert, wie alles wirklich gewesen sein kann. Der ideale Leser, nach dem Sie mich fragen, der sollte auch eine gesunde Portion an Zu-

kunftsoptimismus mitbringen. Die modische Schwarzsehe-rei finde ich, verzeihen Sie mir, aber die finde ich zum Kotzen!

(Beifall)

Sie haben völlig recht: Andere ziehen aus den gleichen Texten ganz andere Schlüsse als ich. Woran liegt das, wollen Sie wissen...

Ein ganz auf sein Fachgebiet fixierter Autor, sagen wir ein Archäologe, ein Ethymologe oder ein Theologe, der hat eine bestimmte Schulung hinter sich. Er ist in der Fachliteratur seiner vielen, vielen Vorgänger groß geworden – sein Gehirn funktioniert also in der Richtung der »Vordenker«. Er kann schließlich nicht mehr anders denken, darum muß er auch jede andere Deutung, die neu für ihn ist, als unfachlich, als unsachlich, als Nonsens ablehnen. Aber, mein Herr: Was die unterschiedliche Deutung alter Texte angeht, bin nicht nur ich im Streit mit Fachwissenschaftlern, nein, Wissenschaftler derselben Fachrichtung liegen sich in den Haaren. Grotesk, aber es ist so.

Ein Psychologe – und damit sind wir zwischen den Fronten aller Disziplinen – deutet die Beschreibungen im Alten Testament, wo etwa Gotteserscheinungen in Verbindung mit Rauch, Beben, Feuer und Gestank dargestellt sind, völlig, total anders als der Theologe. Wer von beiden die »Wahrheit« erwischt hat, das ist heute nicht feststellbar, und deshalb meine ich, daß meine Deutungsangebote genauso legitim ins Gespräch zu bringen sind wie die der sich streitenden Fachgelehrten.

In einem Punkt, das behaupte ich, bin ich den anderen voraus, nämlich immer dann, wenn in alten Texten technische Beschreibungen auftauchen, von denen der ehemalige alte Chronist nichts wissen konnte. Oder dort, wo in alten Überlieferungen ein Wissen mitgeteilt wird, das nach dem seinerzeitigen Stand des Wissens nicht bekannt sein *konnte!*

An diesen exakt zu fixierenden Punkten vertrete ich die Ansicht, daß die Schwelle zum Verständnis der Texte mit anderen als psychologischen oder theologischen Deutungen und Definitionen zu überschreiten ist! Da uns unsere Altvorderen selbst mitteilten, daß die Quelle ihres Wissens »Gott« oder »die Götter« gewesen ist beziehungsweise sind, behaupte ich mit Fug und gutem Recht: *Dieses* Wissen stammte von Außerirdischen!

52 Können Sie ein Beispiel nennen?
In meinen Büchern wimmelt es von solchen Beispielen, sagen wir besser: Belegen und Beweisen. Nehmen wir aber nur die Kenntnisse des afrikanischen Dogon-Negerstammes! Der hatte ein exaktes Wissen über das Sirius-System. Erwiesenermaßen kennen die Dogon seit rund 1000 Jahren die Umlaufbahn des unsichtbaren Sirius B, sie wissen, daß dieser Stern winzig klein, aber extrem schwer ist. Und: Sie kennen auch die Umlaufzeit von Sirius B um Sirius A, lauter Einzelheiten, die mit dem bloßen Auge durch gewöhnliche Himmelsbeobachtung nicht zu erfahren sind. Dazu braucht man Riesenteleskope! Da die Dogon-Neger behaupten, sie hätten ihr Wissen von einem Gott namens Nommo, liege ich doch wohl mit meiner Annahme richtig, daß dieser Herr Nommo ein außerirdischer Besucher gewesen ist. Woher sonst sollten die Dogon ihr tausendjähriges Wissen haben? *Wir* wissen das alles ja erst seit 50 Jahren. Sehen Sie, das ist so ein Punkt, wo ich überholten Deutungen voraus bin...

53 Herr von Däniken, im Fernsehen habe ich oft über Sie sprechen hören, meistens kamen Sie schlecht dabei weg, und wer Ihre Bücher nicht gelesen hat, konnte sich kein eigenes Urteil bilden. Warum tragen Sie nicht einmal selbst Ihre Theorien im Fernsehen vor?
Ich sage Ihnen sicher nichts Neues, wenn ich Ihnen anver-

traue, daß das Fernsehen mir, leider, nicht gehört. Man kommt – ja, wie denn?! – durch den unerforschlichen Ratschluß der Götter auf den Bildschirm ... oder nicht. Wenige Male konnte ich kurze Statements abgeben, nie aber auf die Polemik, die angehängt wurde, antworten. Ja, halt! Radio Luxemburg gab mir 45 Tage lang Gelegenheit, täglich in Portionen von fünf Minuten meine Theorie darzustellen. Das Echo war enorm ... Wenn man mich lassen würde, ich wäre da!

*

54 In dem deutschen Magazin GEO stand vor einigen Monaten ein Bericht über die Ebene von Nazca. In dem Artikel kam die Nazca-Forscherin Maria Reiche zu Wort und nannte Sie einen Schwindler. Was sagen Sie dazu?
Gleich nach Lektüre schrieb ich an Frau Reiche, bekam aber bis heute keine Antwort. Ich kann mir einfach nicht vorstellen, daß die alte Dame das gesagt hat! Sie hätte zu dieser Diffamierung auch nicht den geringsten Anlaß, weil ich über die Ebene von Nazca nichts veröffentlicht habe, was man als »Schwindel« bezeichnen könnte. Und daß ich zu Nazca eine andere Meinung vertrete als Frau Reiche und die offizielle Archäologie, das ist doch wohl mein gutes Recht, besonders deswegen, weil sich die Gelehrten selbst wieder mal nicht einig sind.
Zwanzig Personen, alles Bekannte von mir, darunter der Präsident der »Ancient Astronaut Society«, Rechtsanwalt Gene Philipps aus Chikago, unterhielten sich Mitte Juli '77 mit Frau Maria Reiche. Diese Unterhaltung fand im Hotel Touristas in Nazca statt, wo Frau Reiche ihre Zelte aufgeschlagen hat. Die Tonbänder dieser Unterhaltung habe ich abhören können. Frau Reiche war außerordentlich freundlich und humorvoll und äußerte sich sehr positiv über mich!

55 Kann Ihnen denn ein Journalist aus fremdem Mund einfach den »Schwindler« anhängen?!
Ach, wissen Sie, schwarze Schafe gibt's überall, es gibt solche und solche Journalisten, und *solche* sind erfreulicherweise in der Minderzahl, auch wenn sie manchmal viel üblen Staub aufwirbeln. Aber: Ich weiß nicht mal, ob sie nicht willfährige Opfer ihrer Leser sind, die – leider: erwiesenermaßen! – lieber Negatives als Positives lesen. Das zu wissen, ist auch für mich kein Trost, aber wissen sollte man es ... und vielleicht auch drüber nachdenken.

*

56 Ich bin Sprecher eines Däniken-Clubs ...
In Houston gibt's einen Däniken-Club?

Warum nicht? Wir stehen hier alle mit einem Fuß auf der Startrampe!
Wie viele Mitglieder haben Sie denn?

Wenn wir eine Party machen, sind wir 30, jede Woche sind wir nur 12!
Und aus welchen Berufen kommen sie?

Ich bin der Initiator, und ich bin Ingenieur hier bei der NASA. Einer ist bei der Hafenverwaltung, einer ist in der Großchemie, einer macht in Baumwolle, einer verkauft Hamburgers ...
Mir scheint, bei Ihnen ist die ganze Industrie von Houston vertreten!

Ja, kann man sagen ...
Und wie alt sind Sie im Durchschnitt?

Ja, ich denke so zwischen 25 und 35 ...
Sie wollten etwas fragen, ich habe Sie abgelenkt!

57 *Ja, ich soll Sie fragen, wie denn eigentlich bei Ihnen alles angefangen hat. Wie kamen Sie auf Ihre Idee?*
Um korrekt zu sein, muß ich vorweg sagen, daß die Idee vom Besuch außerirdischer Wesen nichts Neues ist und auch nicht von mir stammt. In der Science-fiction-Literatur gibt's diese Idee seit 70 Jahren. Ich habe sie aufgegriffen und mit neuen Argumenten in Diskussion gebracht.
Ihre Frage!
Sie wurde mir natürlich schon oft gestellt, und ich könnte Sie auf meine Texte hinweisen, aber: Ein Fan-Club hat Anspruch auf Antwort aus erster Hand. Also: Ich wurde in einem streng geleiteten katholischen Internat erzogen. Religionsunterricht war ein dominierendes Hauptfach. Wir mußten Bibelübersetzungen vom Griechischen ins Lateinische und dann ins Deutsche machen. Damals stolperte ich über das hebräische Wort, über den Begriff »Elohim«. Bedeutet soviel wie »Götter«. Elohim ist also ein Plural. Moses benutzt in der Genesis mehrmals dieses Wort »Elohim«, es hätte in der korrekten Übersetzung also »Götter« und *nicht,* wie in der Bibel, »Gott« heißen müssen. Auch in Ihrer Bibel heißt es:

> Als aber die Menschen anfingen, sich auf der Erde zu mehren und ihnen Töchter geboren wurden, sahen die *Gottessöhne,* daß die Töchter der Menschen schön waren, und sie nahmen sich zu Weibern, welche sie nur wollten.

Lesen Sie es im 6. Kapitel der Genesis nach!
Auch in Ihrer Bibelübersetzung heißt es:

> Laßt uns den Menschen nach unserem Ebenbild schaffen!

Wieder ein Plural! Warum »uns«, warum nicht »ich«? Moses, der Monotheist war, hätte doch nur von *einem* Gott sprechen dürfen!

Ich fragte unseren Theologieprofessor. Seine Antworten waren dürftig, sie befriedigten mich nicht. Er meinte, Moses hätte wohl die Dreifaltigkeit im Sinne gehabt, aber das war eine törichte Ausrede, denn die wurde erst sehr viel später auf christlichen Konzilen erfunden. Vielleicht, meinte der Professor, hätten die Urväter der Bibel auch aus Höflichkeitsgründen die Mehrzahl benutzt. Auch nur eine Ausrede, jedenfalls keine klare Antwort, und Moses ist auch kein Irrtum unterlaufen, denn er setzt den Plural sehr oft. Warum spricht er von »Gottessöhnen«? fragte ich mich. Und alle ausflüchtigen Antworten meiner Lehrer verwirrten mich nur noch mehr.
Ich fing an, die ersten dünnen Bretter zu durchbohren. Ich verschaffte mir Literatur vieler Religionen, und immer, das las ich, war von »Göttern« die Rede. Was mich am meisten aufregte, war die offensichtliche Tatsache, daß die »Götter« oft unter Verbreitung von Lärm, Rauch, Beben und Gestank vom Himmel kamen oder unter gleich unangenehmen Umständen dorthin zurückkehrten. Sie bekamen ja hier einen Anschauungsunterricht, wie Götter zu starten pflegen! Und was mich sehr störte, war der Gedanke, daß der allgegenwärtige »Gott«, um in der biblischen Einzahl zu sprechen, zu seiner Fortbewegung Fahrzeuge brauchte! Uns hatte man doch beigebracht, daß Gott überall und gleichzeitig sein konnte! Da stimmte etwas nicht, sagte ich mir.
Als ich das Buch des Propheten Hesekiel las und bald darauf eine Übersetzung des Buches des Propheten Henoch in die Finger bekam, da war mein naiver Kinderglaube dahin! Henoch sprach klipp und klar von den »Wächtern des Himmels«! Was sollte man sich nun wieder darunter vorstellen?! Jedenfalls hielt mich nun nichts mehr auf, den faszinierenden Überlieferungen nachzuspüren. Eine neue Welt eröffnete sich mir, und die kennen Sie ja...

*

58 Kennen Sie den amerikanischen Astronomen und Exobiologen Carl Sagan? Was halten Sie von ihm?
Ich verstehe zwar nicht, was die Frage hier soll ..., aber bitte: Ich kenne Sagan nicht persönlich, habe aber einige seiner Bücher gelesen und sah ihn mehrmals im amerikanischen Fernsehen. Sicher ein gescheiter und logisch denkender Kopf. Was mir an ihm nicht gefällt, ist seine wissenschaftliche Arroganz. Dieser Eindruck stimmt mit dem überein, was mir Leute sagten, die ihn kennen: Weil er sehr eitel ist, tut er so, als hätte er mehr Intelligenz aus einem großen Trichter in seinen Kopf bekommen als tausend andere, er fühlt sich so erhaben. Und wenn Sie's wissen wollen: Carl Sagan schrieb zu einem amerikanischen Anti-Däniken-Buch ein Vorwort, und daraus gewann ich den Eindruck, daß er meine letzten Bücher entweder nicht gelesen oder nicht verstanden hat.
Völlig einig aber bin ich mit Sagans Überzeugung, daß außerirdische Wesen die Raumfahrerei längst erfunden haben.

*

59 In einer Illustrierten sah ich ein Bild, wo Sie vor Ihrem Archiv stehen. Was sammeln Sie da, was ist da drin?
Da an meinem Archiv nicht dransteht: Streng geheim! sage ich's Ihnen gern. Also, da werden interessante Artikel aus Zeitungen und wissenschaftlichen Zeitschriften abgelegt, es enthält meine Korrespondenz mit Wissenschaftlern, es gibt Fotokopien von Dokumenten, die wichtig für mich sind. Auf Karteikarten registriert sind über zehntausend Unterlagen dieser Art, dazu aber auch natürlich Filmnegative und die dazugehörigen Kopien. Negative und Fotos ergeben rund 15000 Archivnummern. Dabei habe ich noch nicht die Artikel mitgezählt, die seit 1968 über mich und meine Bü-

cher erschienen, es werden inzwischen über 30000 sein. In Ordnern registriert werden aber auch Leserbriefe, bis heute knapp 28000. Und dann gibt's bei mir noch ein Tonarchiv ..., mit meinen eigenen Interviews, mit Gesprächspartnern, dazu Aufnahmen mit Vorträgen verschiedener Wissenschaftler.
Es ist gut, daß Sie mich *fragen!* Da stand doch vor einiger Zeit eine Gruppe junger Leute vor meiner Haustüre, die wollten mein Archiv inspizieren! Stellen Sie sich mal vor, wenn nur jeder zehnte meiner Leser auf die Idee käme!

*

60 Ich habe mir eine kleine Bibliothek zugelegt, und darin sind fast alle Bücher, die zu Ihrem Thema gehören. Das sind Bücher von Charroux, von Pauwels-Bergier, von Andrew Tomas, Tomkins, Colosimo, Krassa und so. Oft entdecke ich Parallelen, was mir beim gleichen Thema verständlich ist. Was ich aber nicht verstehe, das ist das: Wann immer ich Kritiken über dieses Gebiet lese, dann betrifft die schnoddrigste und bösartigste Tonlage immer Ihre Bücher, und über die meisten Bücher dieser Art schweigt man überhaupt. Dafür wüßte ich gern einen Grund.
O mein Freund, wenn ich das wüßte! Ich kann da auch nur raten.
Vielleicht liegt der Hauptgrund darin, daß meine Leser in der ganzen Welt mir treu sind und meine Bücher zu hohen Auflagen bringen. Es könnte also, aber da spekuliere ich nur, ein bißchen Neid mit im Spiel sein.
Vielleicht liegt es daran, daß ich mich ohne Netz und doppelten Boden in Vorträgen und Diskussionen stelle, also die offene Auseinandersetzung riskiere. Daß das provoziert, ist mir klar.
Vielleicht spielt auch Wichtigtuerei eine Rolle! Wie leicht

kann man sich den erleuchteten Heiligenschein von enormer Klugheit um die Stirn legen, wenn man dem Däniken tüchtig eins auswischt!
Das kann ich Ihnen mit Sicherheit sagen, weil alle die Kritiken über meinen Schreibtisch ins Archiv wandern; dies kann ich Ihnen sagen: Die wenigsten Kritiker haben meine Bücher wirklich und zur Gänze gelesen! Das ist der Eindruck, wenn man die Kritiken untereinander vergleicht. Und dann kann man da noch eine lustige Beobachtung machen: Es gibt da oft einen prominenten oder halbprominenten Vorreiter, der gibt den Ton an, und seine Epigonen – so nennt man ja die schwachen Nachfolger von bedeutenden Männern! – und seine Epigonen plappern blind nach, was ihnen vorgesagt wurde. Das Ganze nennt man dann Zivilcourage!

*

61 Seit Monaten ist das Buch von Charles Berlitz »Bermuda-Dreieck« im Gespräch. Sehen Sie in dem Phänomen verschwundener Schiffe und Flugzeuge eine Verbindung zu Ihren Theorien? Kennen Sie Charles Berlitz?
Ich kenne Herrn Berlitz persönlich.
Was die Phänomene im Bermuda-Dreieck angeht, kann ich dazu kaum etwas sagen, denn ich weiß nichts Zusätzliches darüber. Ich habe zwar das Buch von Berlitz und »Limbo of the lost« und noch ein paar andere Bücher gelesen, aber ich bin mir nicht im klaren darüber, ob die von den Autoren geschilderten Phänomene nicht doch noch eine natürliche Erklärung finden werden. In diesen Monaten ist ja eine internationale Crew unterwegs dorthin, um Erklärungen zu suchen.
Falls aber, wie Berlitz vermutet, in den Tiefen der Bermudasee tatsächlich eine rund 150 m hohe Pyramide exi-

stiert, dann wäre ich über eine Bestätigung natürlich sehr glücklich. Sie würde nur meine Hypothese erhärten, daß es im frühen Altertum eine Technik gegeben hat, von der wir bis heute keine Ahnung haben. Ja, und diese im Bermuda-Dreieck bestätigte Technik würde wiederum meine Außerirdischen bestätigen.

62 Sie stehen also diesen Bermuda-Spekulationen irgendwie skeptisch gegenüber, würden sich aber freuen, wenn sie sich im Sinne von Berlitz bestätigen würden?
Ja!

63 Eine Erklärung haben Sie also nicht?
Nein, ich habe keine, doch ich halte einen Hinweis von Naturwissenschaftlern für eine mögliche *natürliche* Erklärung der Phänomene. Es gibt diesen sogenannten »submarinen Vulkanismus«. Da brechen, so sagt man, aus der Tiefe des Meeresbodens Vulkane auf und schleudern mit unvorstellbarer Gewalt Magma, die glutheiße Schmelze der Erdtiefe, nach oben. Springfluten sind die Folge. Verheerende Flutwellen brechen schließlich in einen urweltlichen Strudel zusammen, und der kann selbstverständlich Schiffe in die Tiefe ziehen. Mit solchen Vulkanausbrüchen werden auch ungeheure Gasmassen freigesetzt. Die entladen sich in Gewittern, Gasexplosionen mit starken Wirbelwinden. Da können Flugzeuge selbstverständlich in ungeheure Turbulenzen geraten.
Wie gesagt: Das ist keine Erklärung von mir, dies nehmen Naturwissenschaftler an, aber ich gebe gern zu, daß vieles für diese Annahme spricht.
Vielleicht werden wir in den kommenden Monaten klüger werden, denn es ist ja eine internationale Forschergruppe an Ort und Stelle, um die Phänomene zu untersuchen.

*

64 Ich habe alle Ihre Bücher gelesen und auch Ihre beiden Filme gesehen. Die haben mich ein bißchen enttäuscht.
Ein bißchen, zugegeben, mich auch.

65 Ja, und weshalb sind die Filme nicht so aufschlußreich wie Ihre Bücher geworden? Waren Sie überhaupt Erfolge?
Zunächst zum zweiten Teil Ihrer Frage: »Erinnerungen an die Zukunft« war ein ganz großer internationaler Erfolg. In Rußland lief der Film mit 1800 Kopien, wie viele in Rotchina eingesetzt wurden, wissen wir nicht. In Südamerika lief er monatelang vor ausverkauften Häusern, und in den USA war die Ausstrahlung im Fernsehen das Tüpfelchen auf dem i für den Ausbruch der »totalen Dänikitis«, wie eine amerikanische Zeitung schrieb. Ihre zwiespältige Meinung teile ich insofern, als man durch großartige Aufnahmen, etwa die von den Landelinien auf der Ebene von Nazca oder die von der Grabplatte in Palenque, vom Stuhl gerissen wurde und daß dann vergleichsweise müde Aufnahmen folgten. Ich konnte damals nicht selbst bei den Aufnahmen dabei sein, ich schrieb auch das Drehbuch nicht.
Beim Film »Botschaft der Götter« gab es einen Haken, den ich zu spät entdeckte. Ich hatte eine Menge Wünsche und Vorstellungen geäußert, in einigen Fällen scheiterte die Realisierung am Geld, in anderen Fällen am Regisseur. Der hatte nämlich in seinem Vertrag einen Passus, wonach es ein »Harald-Reinl-Film« zu werden habe. Mit dieser Klausel war ich quasi ausgetrickst. Ich habe aus dem Fall gelernt, das passiert mir nicht wieder.
Vielleicht – ich weiß es nicht, und ich kann auch den Beweis nicht antreten –, vielleicht habe ich einen Fehler gemacht. Eine amerikanische Filmfirma wollte nach meinen Büchern einen Film mit einer Spielhandlung, also mit einer richtigen Love-Story und so drehen. Davor hatte ich Schiß. Vielleicht

hätte ich die Leute drehen lassen sollen, Geld hatten sie genug.
Damit Sie einen Blick hinter die Filmkulissen tun können – für mich war er auch neu: Ohne Wissen meines deutschen Produzenten hat der amerikanische Filmverleih *unsere* Version von »Botschaft der Götter« total verändert. Ich habe ihn mir angesehen, drüben, und ich sage Ihnen: Ich fiel vom Stuhl! Inzwischen sind die Juristen am Werk, was zwischen hier und drüben eine haarige Sache ist. Der Film soll in einen anderen Verleih kommen, vor allen Dingen soll *unsere* Version gezeigt werden, auch im amerikanischen Fernsehen. Aber: So viel ich auch auszusetzen habe, ein Erfolg ist auch »Botschaft der Götter« in der Welt wieder geworden. Gerade haben ihn die Russen gekauft.

*

66 Für was halten Sie sich eigentlich, für einen Wissenschaftler oder für einen Schriftsteller?
In meinem Schweizer Paß steht »Schriftsteller«. Nach sieben Büchern und Hunderten von Artikeln eine legitime Bezeichnung. Trotzdem würde ich, wenn es das gäbe, meinen Beruf etwas genauer charakterisieren, nämlich als »forschenden Schriftsteller«.
Ein »Wissenschaftler« bin ich ganz bestimmt nicht. Ich habe kein Studium absolviert und trage füglich keinen Doktorhut. Und außerdem kann man ja das, was ich betreibe, an keiner Universität lernen! Noch gibt es weder eine Fakultät für »Astro-Archäologie« noch für »Paläo-Astronautik«, aber ich bin zuversichtlich, daß solche Fakultäten bald eingerichtet werden.
An zwei amerikanischen Universitäten gibt es bereits Kurse in »Paläo-Astronautik«, ich bekam schon ein Angebot, einen mehrmonatigen Kurs abzuhalten. Mir ist auch be-

kannt, daß ein diplomierter Schweizer Bibliothekar an einem »Paläo-Astronautik«-Lexikon arbeitet nach streng wissenschaftlichen Maximen. Es rührt sich ganz allmählich was...

*

67 Herr von Däniken, ich habe keine Frage. Ich möchte Ihnen nur einmal für Ihre Bücher und für Ihre Vorträge danken. Sie haben mir viele schöne Stunden bereitet und zu vielen interessanten Gesprächen den Stoff gegeben.

(Beifall)

Es ist nett, daß es Menschen wie Sie gibt! Darf ich Sie anschließend zu einem Glas Wein einladen?

*

68 Sie haben gesagt, die Parapsychologie gehöre nicht zu Ihrem Forschungsgebiet, dann aber wieder sagen Sie, daß Sie selbst außersinnliche Wahrnehmung besäßen. Können Sie hellsehen? Wenn ja, sehen Sie nur Sie persönlich betreffende Ereignisse oder auch welche allgemeiner Art?

Richtig, Parapsychologie ist eines meiner Hobbys. Wenn ich trotzdem in meinem Buch »Erscheinungen« eine Menge darüber geschrieben habe, dann deswegen, weil dieses Buch völlig außerhalb der Linie meiner üblichen Bücher lief.

Trotzdem glaube ich, gewisse Fähigkeiten außersinnlicher Wahrnehmung zu besitzen, aber: Ich kann nicht hellsehen, etwa in dem landläufigen Sinne, daß ich zukünftige Ereignisse in allen Einzelheiten vor mir sehe, schon gar nicht Ereignisse, die die Allgemeinheit betreffen oder auch nur auf Freunde und Bekannte zielen. Aber: Ich habe es oft erlebt, daß ich sehr präzise Vorahnungen über das habe, was mich selbst betrifft.

69 Können Sie mal Beispiele geben?
Das könnte ich schon, aber ich will nicht! Bitte, verzeihen Sie mir, wenn ich hier kneife, aber diese Vorahnungen haben nur mit mir selbst zu tun, und so was gehört nicht in die Öffentlichkeit. Ich möchte darüber nicht sprechen.

70 Sie haben mit der berühmten amerikanischen Hellseherin Jeane Dixon gesprochen. In »Erscheinungen« sagen Sie, die Dixon habe Ihnen Mitteilungen gemacht, über die Sie nicht sprechen dürfen. Haben sich die Prophezeiungen der Jeane Dixon, mindestens soweit sie Sie angehen, bewahrheitet?
Bis heute ist nichts davon eingetroffen, aber das will noch nichts sagen, denn Frau Dixon meinte, daß die Ereignisse erst Anfang der 80er Jahre einträfen. Aber auch das waren Mitteilungen, die nur mich betreffen, darüber möchte ich ebenfalls nicht sprechen.

*

71 Ich habe eine Tochter im gleichen Alter wie Ihre Cornelia, ich sah sie im Fernsehen. Was ich gern wissen möchte, gehört eigentlich nicht hierher. Als Mutter habe ich Sinn dafür, wenn Sie nicht darüber sprechen möchten...
Schießen Sie los! Ich sage es schon, wenn ich nicht antworten mag.

72 Also: Erwarten Sie von Ihrer Tochter, daß sie an Ihre Theorien glaubt und daß sie sie auch in der Schule vertritt? Bringen Sie Ihrer Tochter bei, worauf es in einer Diskussion ankommt, wie sie sich wehren kann?
Überhaupt nicht! Im Familienkreis sprechen wir sehr selten von meiner Arbeit. Sie werden das verstehen, ich möchte auch mal sozusagen privat sein und nicht immer im Beruf

angenagelt sein. Wenn ich mich nicht irre, hat meine Tochter nur ein Buch von mir gelesen, und das war »Meine Welt in Bildern«. Sie findet, was ich so treibe, sehr spannend, steht meinen Theorien in manchen Punkten aber kritisch gegenüber. Es ist Cornelia völlig überlassen, ob sie sich für meine Ideen engagiert oder nicht.

73 *Ihre Frau sagte im Fernsehen, daß sie nicht alle Ihre Bücher gelesen hat. Nehmen Sie ihr das übel?*
Aber woher denn?! Sie muß sie auch gar nicht lesen, denn, während ein Buch entsteht, rede ich natürlich mit ihr über den Inhalt, über meine Probleme. Elisabeth weiß also, was im Buch drinstehen wird. Zudem ist doch klar, daß es in meinen Büchern Passagen gibt, die ein bißchen mehr Kenntnisse voraussetzen als eine normale Hausfrau, und die ist Elisabeth Gott sei Dank, im allgemeinen hat. Sie können sich auch kaum vorstellen, wie viele Besucher wir in unserem kleinen Häuschen haben, die alle miteinander mit mir fachsimpeln. Wenn man unsere vier Wände abfragen könnte, würden sie mitteilen, daß bei den Dänikens die Götter fast immer mit am Tisch sitzen. Warum also soll sie schwarz auf weiß lesen, was sie dauernd mitanhören muß?

74 *Wir haben so eine Art von Däniken-Club ohne Mitgliedschaft. Wir sind einige Ehepaare, die Ihre Bücher gelesen haben, und wir treffen uns von Zeit zu Zeit. Mein Lieblingsbuch ist »Erscheinungen«. Ich sage das, obwohl ich praktizierende Katholikin bin. Ihr Buch hat mich in meinem Glauben nur bestärkt. Was mich wundert, ist dies: Hat sich eigentlich die Kirche nie zu Ihren Theorien und besonders zu »Erscheinungen« geäußert?*
Ja und nein. Ich bekam kein offizielles Schreiben einer kirchlichen Stelle, mich traf kein Bannstrahl aus Rom. Ich weiß aber, daß ich in verschiedenen Pfarrblättern und auch

in katholischen Zeitungen arg zerzaust und verrissen wurde. Als ein Luzerner Buchhändler einen Vortrag mit mir organisieren wollte, soll ihm ein hoher Geistlicher gesagt haben: »Aber das können Sie doch nicht machen!« .... Ihre Stellungnahme freut mich. Es lag nicht in meiner Absicht, einem Gläubigen weh zu tun.

*

75 Ich möchte Flieger und dann Astronaut werden. Werde ich den Raumflug noch erleben, ich meine, den interstellaren Flug?
Wie alt sind Sie?

Sechzehn!
Falls die Menschheit sich nicht umbringt und falls ihre Wissenschaftler und Techniker die geplanten modernen zukünftig möglichen Technologien verwirklicht, dann werden Sie den interstellaren Raumflug noch erleben!

*

76 Was halten Sie von Ufos?
Ich habe – leider! – noch nie eine fliegende Untertasse gesehen. Ich habe mich auch immer nur am Rande meines Themas mit dem Ufo-Phänomen beschäftigt. Die wesentliche Literatur darüber habe ich gelesen, in meinem Archiv schmoren einige hundert Ufo-Berichte. Ich kenne auch einige Leute – weil ich sie aufgesucht habe – die mir felsenfest versicherten, unbekannte fliegende Objekte gesehen zu haben. Ich lehne es ab, alle Menschen, die derartige Beobachtungen machten, als Phantasten oder gar Lügner abzutun! Aber: Ich weiß auch nicht, was Ufos sind. Unidentified flying objects – unbekannte fliegende Objekte. Mir scheint

das eine ehrliche Bezeichnung zu sein. Diese seltsamen Dinger können also alles Mögliche sein... Wetterballone, neue geheime Flugzeugtypen, die auf Testflügen sind, Kugelblitze oder Naturereignisse unbekannter Art, vielleicht auch physikalische Phänomene, die in der Zukunft eine plausible Erklärung finden werden! – Ufo-Gläubige schwören, es handle sich um außerirdische Flugkörper. Ich kann das weder bestätigen noch dementieren. Ich weiß es ganz einfach nicht.

77 Sie sind also gegen Ufos?!
Nein, das bin ich nicht, aber ich bin auch kein Ufo-Gläubiger. Ich stehe der Sache freundlich-kritisch gegenüber. Weil ich es mir abgewöhnt habe, etwas als »unmöglich« abzutun – nur, weil es *noch* nicht erklärbar ist! Die Wirklichkeit von heute macht doch dauernd das angeblich Unmögliche von gestern möglich. Die Barriere zwischen Unmöglichem und Möglichem, zwischen Undenkbarem und Denkbarem ist doch bemerkenswert wacklig. Warum sollte es de facto *keine* Ufos geben?! Die Technik der Außerirdischen *kann* uns um derart viele Jahrtausende voraus sein, daß sie über einen ganzen Fuhrpark verschiedener Ufos verfügt. *Denkbar* halte ich sie sogar in der Variante der Zeitmaschine... »Es gibt mehr Dinge im Himmel und auf Erden, als Eure Schulweisheit sich träumen läßt!« – sagt Shakespeare im Hamlet. Dem habe ich nichts hinzuzufügen.

*

78 Man hat in letzter Zeit öfter gelesen, daß der amerikanische Präsident Carter ein Ufo gesehen hat und das öffentlich zugab. Wissen Sie etwas mehr darüber?
Zunächst: Die Meldung über Jimmy Carter stimmt. In den USA gibt es eine zentrale Ufo-Meldestelle. Sie heißt NI-

CAP, und das ist die Abkürzung von »National Investigation Center of Aerial Phenomenas«. Diese NICAP verschickt Fragebögen an jeden, der behauptet, ein Ufo gesehen zu haben.
So einen Bogen mit 37 Fragen hat der damalige Gouverneur Jimmy Carter am 18. September 1973 ausgefüllt. Darin erklärte er, daß er selbst und zehn Mitglieder des Leary Georgia Lions Club das fliegende Objekt um 19.30 Uhr einwandfrei gesehen hatten. Jimmy Carter füllte den Fragebogen nicht spontan aus, die Ufo-Beobachtung datierte nämlich in den Oktober 1969 zurück. Er hatte sich also vier Jahre Zeit gelassen, ehe er sich entschloß, sein Erlebnis der NICAP zu melden. Es muß auf ihn einen unvergeßlichen Eindruck gemacht haben.

*

79 Es ging mal eine Meldung durch die Presse, vor ein paar Jahren wäre ein Ufo abgestürzt und seitdem halte das Pentagon sechs außerirdische Wesen gefangen. Stimmt diese Meldung?
Nein!

80 Warum hat sie dann der Professor Robert Carr jüngst bestätigt?
Weil er ein Spinner ist!

*

81 Mich interessiert etwas anderes, aber es ist auch persönlich. Wenn Sie nicht das täten, was Sie jetzt tun, welchen Beruf hätten Sie dann ergriffen?
Es gibt da einige Möglichkeiten, aber sie blieben alle zwischen Wunsch und Wirklichkeit hängen. Ganz früher wollte

ich Rechtsanwalt werden, danach Musiker und schließlich, als die Frage sich ernsthaft stellte, da wollte ich haarscharf das tun, was ich tue: Ich wollte Schriftsteller werden und auf großen Reisen Forschungen anstellen. Ich habe also das Glück, daß der wirklich ernstgemeinte Berufswunsch erfüllt wurde, und ich werde ganz bestimmt nicht umsatteln.

*

82 Erbost es Sie eigentlich, wenn Sie an das Unrecht denken, welches Ihnen die Justiz zugefügt hat?
Aber sicher erbost mich das! Am meisten aber erbost mich, daß irgendwelche Journalisten geschehenes Unrecht immer wieder aus dem Kasten ziehen. Was soll ich dagegen tun? Das Ungeheuer von Loch Ness kann sich auch nicht dagegen wehren, alle Jahre wiederentdeckt zu werden! Ich habe den Verdacht, daß manchem Journalisten mein Dauererfolg derart in die Nase stinkt, daß er persönlich wird, weil er mir in der Sache nicht beikommen kann. Schließlich tröste ich mich: Ich habe den längeren Atem und die treueren Leser!

(Beifall)

*

83 Stimmt es, daß Sie eigentlich nur Däniken heißen und daß Sie sich das »von« nur zugelegt haben. Macht ja nichts, aber mich würde es interessieren.
Ich heiße Erich von Däniken, mein Vater hieß von Däniken, mein Großvater hieß von Däniken... Meine Familie väterlicherseits läßt sich bis zum Jahre 1570 zurückverfolgen, und alle hießen »von« Däniken. Ich kann nichts dafür, es ist nun mal so. Was geht in den Köpfen von Schreibern vor, die so einen Mist in die Welt setzen?!

84 Sie haben es also auch gelesen! Dann wissen Sie, daß im selben Bericht stand, Sie würden immer doppelt hohe Absätze und Schuhsohlen tragen, damit Sie größer erscheinen...
Alles Quatsch! Wenn Sie's genau wissen wollen, kommen Sie her. Kontrollieren Sie meine Schuhe!

85 Sie haben gesagt, daß man Ihnen schreiben kann. Wohin denn?
Sie können direkt an mich schreiben nach: CH-4532 Feldbrunnen – Villa Serdang. Das kommt an. Oder an den Econ Verlag, Postfach 9229, 4000 Düsseldorf 1. Von dort wird mir alle Post zugeleitet.

*

Meine Damen und Herren,
erlauben Sie mir, daß ich vor dem Ende unserer Diskussion eine persönliche Bemerkung mache.
Bis vor einigen Tagen war ich überzeugt, daß es weder Geschosse noch Platzpatronen geben könnte, mit denen ein Gegner mich noch zu treffen vermöchte. Der auch Ihnen wohlbekannte Professor von Ditfurth veröffentlichte in der Zeitschrift eines deutschen Pharmakonzerns* einen Artikel über mich... und er benutzte Stinkbomben!
Anhand von drei Beispielen will der Professor mich quasi wiedermal »entlarven«!
Sein erstes Beispiel:
In meinem Buch »Meine Welt in Bildern« zeigte ich ein altägyptisches Flugzeugmodell. Ditfurth will im Ägyptischen Museum in Kairo festgestellt haben, daß es nicht existiert. Aber: genau das Modell, das ich publizierte, ist auch in meinem Film »Botschaft der Götter« zu sehen. Gefilmt von

* Boehringer-Kreis, 3/1977

dem Kameramann Ernst Wildt*. Der Professor kann es sich dort, ohne neuerliche Reise nach Kairo, ansehen!
Sein zweites Beispiel – und ich zitiere aus dem Artikel:

> »Vergessen wir einmal alle technischen Probleme, gehen wir einmal ganz kühn von der völlig utopischen Voraussetzung aus, daß ein ›interstellares Raumschiff‹ in Sekundenbruchteilen bis auf Lichtgeschwindigkeit beschleunigen und in der gleichen Augenblicksfrist auch wieder anhalten könnte.« – Ende des Zitats.

Wo in meinen Büchern steht denn so ein blühender Unsinn?! In meinem Buch »Beweise« ließ ich *den* Fachmann auf dem Gebiet der interstellaren Raumfahrt, Herrn Professor Dr. Harry Ruppe von der Technischen Universität München, zu Wort kommen und bestätigen, daß interstellare Raumfahrt de facto eines Tages möglich sein wird... aber: von Raumschiffen, die »in Sekundenbruchteilen bis auf die Lichtgeschwindigkeit beschleunigen und in der gleichen Augenblicksfrist auch wieder anhalten« können, davon ist in meinem Buch mit keinem Wort die Rede. Wenn Seeleute abenteuerliche Geschichten erfinden, nennt man das Seemannsgarn. Dies muß wohl Professorengarn sein!
Das dritte Beispiel:
Ich würde, erfahre ich zu meiner Verblüffung, und ich zitiere: »...nicht den geringsten Gedanken an die Möglichkeit verschwenden, ob sich der gleiche (mythologische) Sachverhalt nicht vielleicht auch anders erklären ließe.« – Zitatende.
Ich weiß nicht, was der Professor gelesen hat, mein Buch »Beweise« kann es nicht gewesen sein, denn darin gebe ich dauernd die Deutungen vieler Ethymologen wieder. Daß ich mir die Freiheit nehme, diese Erklärungen nicht blind-

* Ausführlich dargestellt auf den Seiten 91 ff.

lings zu akzeptieren, das ist doch wohl immer noch mein gutes Recht. Möchte der Professor, daß es verboten wird, andere Ansichten zu haben als die seiner Kollegen? Das kann ich nicht glauben.
Aus diesen drei Exempeln schließt Herr von Ditfurth messerscharf, alle Indizien in meinem Buch »Beweise« ließen sich nach diesem Strickmuster klassifizieren. Das habe ich gern! Man legt mir Dinge in den Mund, die ich nicht gesagt habe, oder bestreitet mit kühner Stirn Dinge, die man fotografieren kann, um mich anhand von drei Unterstellungen zu widerlegen. Das nenne ich eine prächtige Methode.
Herr von Ditfurth läßt sich nicht aus dem Sattel seines Stekkenpferdes heben. Wie in einem seiner Bücher behauptet er auch in seiner Spätlese 1977 wiederum, meine Ideen stammten freilich nicht von mir, sondern von Robert Charroux. Als ich 1974 erstmals diese Unterstellung las, schrieb ich ihm, daß ich über »mein« Thema längst publiziert hatte, als es die Bücher von Charroux noch nicht gab*. – Ihn ficht das nicht an, er reitet sein Steckenpferd, und er wundert sich nebstbei, daß ich Jesus noch nicht zum Astronauten gemacht habe. Hätte er – beispielsweise – mein Buch »Erscheinungen« gelesen, dann wüßte er, daß ich ausdrücklich Spekulationen eines russischen Autors, Jesus wäre Astronaut gewesen, deutlich und mit Entschiedenheit zurückgewiesen habe.
Ich vermute, daß der Professor angesichts meines Erfolges seine Unlustgefühle nicht unter Kontrolle hat. Hören Sie und lassen Sie mich ihn wortwörtlich zitieren:

> »Ich fürchte, dieser weltweite Erfolg« – ich füge ein: er spricht natürlich von meinen Büchern – »dieser weltweite Erfolg ist ein Symptom dafür, daß unsere Gesellschaft insgesamt weniger kritisch, urteilsfähig und mündig ist,

* Ausführlich auf den Seiten 14, 15.

daß sie weitaus anfälliger für demagogische Verführung ist, als uns allen guttäte. Denn Däniken ist in erster Linie nicht Autor (oder gar Amateurwissenschaftler), sondern ein ungewöhnlich begabter Demagoge.« – Ende des Zitats.

Meine Damen und Herren, ich möchte auch pfeifen – Ihretwegen! Hier werden ja meine Leser verunglimpft, und das sind ja immerhin einige Millionen. Nach Meinung des Herrn von Ditfurth sind Sie also allesamt unkritisch, unmündig und nicht urteilsfähig.
Und ich bin »ein ungewöhnlich begabter Demagoge«! – Ich wollte natürlich wissen, in welcher Gesellschaft ich mich nunmehr befinde. Ich suchte in Meyers neuem Lexikon, und da steht – ich zitiere:

»Demagogie ist Volksverführung in verantwortungsloser Ausnutzung von Gefühlen, Ressentiments, Vorurteilen und Unwissenheit durch Phrasen, Hetzen und Lügen.« – Ende des Zitats.

Bitte, lachen Sie nicht! Hier wird ein neuer giftiger Ball ins Spiel gebracht, und ich sage Ihnen heute schon: dieser Ball wird bald von anderen aufgefangen werden! Deshalb spreche ich zu Ihnen darüber – die pharmazeutische Zeitschrift werden Sie vermutlich nicht lesen und drum nicht ahnen, woher eines Tages die Giftspritzer kommen.
Wenn es um Demagogie geht, geht es allemal um Macht! Haben Sie, meine Damen und Herren, haben Sie jemals das Gefühl gehabt, daß ausgerechnet ich *Macht* will?!
Bitte, lassen Sie uns auf dem Teppich bleiben! Ich stelle fest: Erstens: Falls der Schreiber den Wortsinn von Demagoge und Demagogie nicht kennt, dann sollte er bei der Benutzung von Fremdwörtern vorsichtig sein. Zweitens: Der Herr hat meine Bücher nicht begriffen, er tut mir leid. Und

schließlich am Rande vermerkt: Ich habe mich selbst nie als Amateurwissenschaftler bezeichnet, scherzhaft nannte ich mich mal einen »Sonntagsforscher«.
Weil es so spannend und manchmal auch komisch ist, möchte ich noch ein bißchen zitieren. Ditfurth schreibt:

> »Beängstigend wird das Phänomen jedoch in dem Augenblick, in dem einem aufzugehen beginnt, daß es Modellcharakter hat. Daß es beispielhaft zeigt, mit welcher Leichtigkeit Menschen dazu zu bringen sind, auch die phantastischste *Ideologie* mit einer Gläubigkeit zu übernehmen, die auf Kritik nicht mehr mit Argumenten, sondern mit ehrlicher Entrüstung reagiert.« – Zitatende.

Meine Damen und Herren hier im Saal, ich sagte schon, daß der Professor bei der Wahl seiner Fremdwörter offenbar eine unglückliche Hand hat. Im »Lexikon der deutschen Sprache« wird *Ideologie* wie folgt interpretiert:

> »Gesamtheit der Ideen, auf die sich eine Weltanschauung oder ein Parteiprogramm gründet« und: »Mit Hilfe von Ideologien versuchen Diktatoren die von ihnen beherrschten Menschen gleichzuschalten.«

Ich habe keine Ideologie anzubieten, schon, weil mir Diktaturen zutiefst zuwider sind, und ich beabsichtige auch nicht, eine Partei zu gründen.
Meine Denkanstöße gelten keiner wie auch immer gearteten Ideologie, sie sind Theorien und Hypothesen, deren Substanz ich allerdings, meiner Überzeugung nach, mit Indizienbeweisen gründlich zementieren konnte.
Nein, Ideologie und Däniken, meine Damen und Herren, das sind zwei Welten. Wäre in meinen Büchern auch nur so etwas Ähnliches verborgen, dann könnten weder sie noch meine Filme in Ländern, die von Ideologien okkupiert sind, erfolgreich am – kontrollierten! – Markt gehandelt werden.

Denn: Das besondere Merkmal von Ideologien ist, daß sie keine anderen neben sich dulden. Das weiß man überall, es hat sich lediglich noch nicht bis Hamburg herumgesprochen, wo der Autor wohnt, der mir so außerordentliche Aktivitäten zutraut. Meine Bücher werden in Ostblockstaaten ebenso gelesen wie beispielsweise in südamerikanischen Entwicklungsländern unterschiedlichster politischer Ideologien, wie aber auch in einem religiös so bemerkenswerten Land wie Indien. Meine Damen und Herren, ich bin mir sicher, daß Sie nicht hier sitzen würden, wenn ich Sie zu einer Ideologie bekehren wollte!
Übrigens: Haben Sie eigentlich schon mal mit Entrüstung reagiert, wenn Sie gute Argumente gegen meine Theorien hörten? Ich weiß es nicht, aber ich darf Ihnen versichern, daß *ich* nicht mit Entrüstung reagiere. In seinem Artikel unterstellt Herr von Ditfurth geradezu blind oder doch mit Scheuklappen und ohne jeden Anhaltspunkt, daß »Entrüstung« meine oder meiner Leser »typische Reaktion« sei und daß ich gleichzeitig beklagen würde, daß die Wissenschaft meinen Hinweisen zu wenig Beachtung schenke. *Das letztere* stimmt, und es stimmt, weil es den Tatsachen entspricht. Mit einigen rühmlichen Ausnahmen.
Ohne Entrüstung stelle ich fest, daß mir Professor von Ditfurth auf dem Bildschirm gefällt in seiner meist sachlichen Objektivität. Warum wendet er sie nicht allgemein an?
Die Pointe zu diesem Fall las ich heute morgen in einer Zeitung. Da stand der Satz von Mark Twain:

»Die Vorurteile eines Professors nennt man Theorie!«

Ich danke Ihnen fürs Zuhören.

»Heute gibt es doch gegen alles und jeden eine Bürgerinitiative!« (Peter Neugebauer – Börsenblatt)

»Hallo, können Sie uns sagen, wo Erich von Däniken wohnt? Wir haben eine Botschaft für ihn!«

(Sepp Arnemann – TV-Hören und Sehen)

II

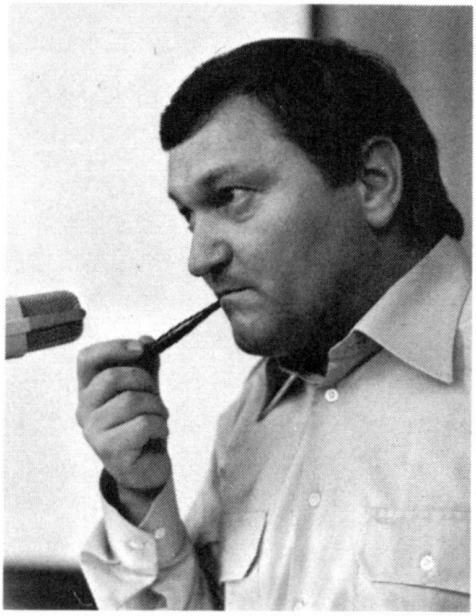

Foto: Helmut Orwat, Castrop-Rauxel

86 Warum sind Sie dauernd im Clinch mit den Archäologen? Was haben die Ihnen eigentlich angetan?
Sie irren sich, mein Herr. Gegen »die Archäologen« habe ich im allgemeinen überhaupt nichts – wie ich mich überhaupt, mehr als meine Gegner, bemühe, tolerant gegenüber jeder Meinung zu sein. Ich habe eine ganze Reihe von Archäologen als faire und integre Persönlichkeiten kennengelernt. Sie sind meine Gesprächspartner. Manche von ihnen laufen allerdings mit einem ziemlich dick aufgetragenen Standesdünkel herum. Und: Kein Archäologe kratzt dem andern ein Auge aus! Manchmal habe ich den Eindruck, daß einige sogar wider besseres Wissen falsche Ansichten eines Kollegen verteidigen. – Auch gegen die Archäologie als komplexe Wissenschaft habe ich in toto wenig einzuwenden. Im Gegenteil. Ich werbe ja um ihr Verständnis für

mein Anliegen. Lassen Sie mich an einem kleinen Beispiel klarmachen, wie wenig mich von der Archäologie trennt: Stellen Sie sich vor, morgen nachmittag landet am Paradeplatz in Zürich ein außerirdisches Raumschiff. Zehntausende eilen herbei und sehen es. Aus dem unbekannten Flugobjekt watscheln zehn kleine grüne Männchen und begeben sich schnurstracks ins Rathaus. Dort reden sie fünf, sechs Stunden lang mit Politikern, Wissenschaftlern, Ingenieuren und Theologen. In der Dämmerung marschieren die kleinen grünen Männchen wieder zu ihrem Raumschiff und verschwinden auf Nimmerwiedersehen.

Dreitausend Jahre später.

Zürich wird dann eine Ruinenlandschaft sein. Nach allen bisherigen geschichtlichen Erfahrungen. Archäologen buddeln Reste der Stadt Zürich vom Jahre 1978 aus. Da und dort finden sie Fetzen von Kleidungsstücken – sie rekonstruieren die Mode der Zürcher von 1978. Sie kratzen aus Tiegeln und Töpfen Speisereste aus, oder sie finden sie in einem verschütteten Frigidaire. Die Archäologen stellen Speisekarten mit den Eßgewohnheiten der Zürcher von 1978 zusammen. Sie finden Werkzeuge und Maschinen, von denen sie auf das technische Niveau der Zürcher von 1978 rückschließen. Sie analysieren Mauerreste und bestimmen die Baumaterialien, wie sie 1978 in Zürich verwendet wurden. Wir kennen die Methode. Die fleißigen Archäologen werden sich schon ihr Bild vom Zürich des Jahres 1978 machen. Die Resultate in Ehren. So weit kann ich sie akzeptieren.

Aber:

Was die Archäologen in 3000 Jahren trotz emsigen Suchens nicht feststellen werden, ist das Ereignis, daß 1978 mitten in Zürich ein Raumschiff gelandet war! Sie werden kein Relikt finden, aus dem sie schließen könnten, daß kleine grüne Männchen im Rathaus eine Konferenz mit der Prominenz

der Stadt abhielten! Sie werden zwar bemerken, daß sich ab irgendeinem Datum die Stoßrichtung technisch-wissenschaftlicher Forschung änderte, daß religiöses Denken irgendwann und plötzlich in anderen Dimensionen stattfand. Vermutlich werden die künftigen Archäologen auch künstlerische Überlieferungen finden. Vielleicht werden sie an einem Relief herumrätseln, sie werden sich fragen, was der Künstler von 1978 denn für ein seltsames, fliegendes Objekt mitten in der Stadt oder über den Silhouetten der Stadt, am Himmel fliegend, dargestellt haben mag.
Da sich auch in 3000 Jahren die Methode – wahrscheinlich – nicht geändert haben wird, einigt man sich dann schließlich darauf, daß es sich bei diesem unerklärbaren Ding um die abstrakte Darstellung irgendeines göttlichen Wesens gehandelt haben muß. Man wird es schließlich in den Bereich der Mythologie einordnen.
Sie sehen, wie wenig mich von den Resultaten archäologischer Forschung trennt! Ich akzeptiere die Interpretationen handgreiflicher Funde, aus denen das Alltagsleben der Vorfahren rekonstruiert wird. Nur: in diesem Puzzlespiel haben, leider, außergewöhnliche Ereignisse keinen Platz. Wo immer in unserer Vergangenheit Forschung und Technik eine abrupte Wendung nahm, wann immer Unbegreifliches geschah, erklärte man das Unerklärliche damit, daß man es schnell Religionen oder Mythologien zuschob. Es führt hier zu weit, alle die rätselhaften, plötzlichen Entwicklungen unserer menschlichen Vergangenheit aufzuführen. Jedermann weiß davon. Und sie wurden alle miteinander in den unkontrollierbaren Raum der Fabeln und Mythologien befördert – obwohl sie ganz handfeste Ereignisse zum Anlaß hatten.
Das ist, mein Herr, »la petite différence«, wie der Franzose sagt, die mich von der Archäologie trennt! Ich wäre mit all ihren Ergebnissen einig, wenn sie akzeptieren würde, daß es

irgendwann, irgendwo im Alltag unserer Vorfahren Besuche Außerirdischer gegeben haben *muß*! Selbst dann, wenn bisher noch keine Hinterlassenschaft aus dem Boden gebuddelt wurde! Wer sagt denn, daß solche Hinterlassenschaften überhaupt *im Boden* gefunden werden müssen?! Ließen die Archäologen in ihrem Denkgebäude mindestens einen Raum für diese *Möglichkeit,* hätte ich nicht die geringste Konfrontation mit ihnen. Übrigens würde der Wert ihrer Arbeit nicht im mindestens herabgesetzt, wenn sie diese »Großzügigkeit« aufbrächten!

*

87 Herr von Däniken, es ärgert mich, daß Sie in unseren Vorfahren Trottel, um nicht zu sagen: Halbidioten, vermuten, die nicht fähig gewesen sein sollen, beispielsweise die Pyramiden zu erbauen. Kennen Sie die Darstellungen im Ägyptischen Museum in Kairo? Sie zeigen in vielfältiger Weise, wie die alten Ägypter die Bauwerke erstellten. Sie sagen, es hätte zur Zeit der Pyramidenbauer keine Seile gegeben – die Darstellungen zeigen Seile in jeder Menge. Sie ignorieren ganz einfach archäologische Tatsachen!

Vielen Dank für diese Attacke! Sie gibt mir Gelegenheit zu Klarstellungen. Was die angeblich von mir behauptete Dummheit unserer Vorfahren angeht, hat man mir Aussagen unterschoben, die ich nicht gemacht habe, und Dinge behauptet, die so unwahr sind, daß sich die Balken biegen. Nirgends habe ich behauptet, Außerirdische hätten die Pyramiden erbaut! Wohl aber habe ich spekuliert, daß Außerirdische unseren Vorfahren technische Kenntnisse, vielleicht sogar Werkzeuge, hinterlassen haben könnten, die ihnen erlaubten, das immer noch Unfaßliche zu leisten.
Diese meine Vermutung gilt nicht nur für die Großpyramiden in Ägypten, sie gilt auch für andere Kolossalbauten aus

grauer Vorzeit – etwa für die Terrasse in Baalbek oder die Bauten oberhalb der peruanischen Stadt Sacsayhuaman.
Lassen Sie mich auf die ägyptischen Pyramiden eingehen! Sie haben recht, daß es viele alte Darstellungen gibt, die zeigen, wie die Ägypter angeblich gebaut haben sollen. Denken wir nur an das Relief, das veranschaulicht, wie ein Obelisk und eine Statue von Ramses II. mittels Seilen aufgerichtet werden. Vergessen wird aber immer, daß solche Darstellungen aus viel jüngerer Zeit stammen als die weit zurückliegenden Vorgänge beim Pyramidenbau! In die überlieferten Darstellungen gingen bereits Vermutungen und Spekulationen ein, wie es einst gewesen sein könnte!
Als ich in »Erinnerungen an die Zukunft« von den ägyptischen Pyramiden sprach, ging ich davon aus, daß die großen Pyramiden ungleich älter sind, als landläufig angenommen wird. Man muß nur die Quellen genau lesen!
In den Kapiteln 141 und 142 seiner »Historien« berichtet der griechische Reiseschriftsteller Herodot, daß ihm die Priester von Theben versicherten, daß ihre Vorfahren seit 11340 Jahren im Amt waren, als er bei ihnen weilte. Herodot nennt sogar die Zahl der Priestergenerationen – es waren 341. Und Herodot berichtet, damals wären die Priester von den Göttern besucht worden, aber sie seien seitdem nicht wiedergekehrt. – Der koptische Schriftsteller Abu'l Hassan Mas'udi versichert, die Pyramiden wären vor der »großen Flut« gebaut worden. Das kann man heute noch in dem Manuskript nachlesen, das in der Bibliothek in Oxford liegt.
Sie halten mir vor, ich würde archäologisches Wissen ignorieren. Wann denn, wo denn? Ich akzeptiere herzlich gern gesichertes Wissen. Tatsächlich fegt die Archäologie solche Zeitangaben mit der linken Hand vom Tisch. Warum – und mit welchem Recht eigentlich? Sie nimmt doch sonst alle Daten aus Überlieferungen im Handumdrehen und mit

Handkuß an – allerdings immer nur dann, wenn sie ihr in den Kram passen. Hier passen sie nicht!
Die Pyramiden können geradezu als exemplarischer Fall des Verfahrens der Archäologen genommen werden. Sie gehen, blind und stur, davon aus, daß vorhandenes Wissen als gesichert gelten könne und daß es deshalb nicht angezweifelt werden dürfe. Erkenntnisse früherer archäologischer Forschung werden in erratische Blöcke einzementiert, und die liegen nun unverrückbar in der Landschaft herum. In Wirklichkeit wissen wir so wenig Genaues, daß es eigentlich unsere Pflicht ist, wacklige überlieferte Erklärungen in Frage zu stellen – vorausgesetzt allerdings, daß man an die Wahrheit herankommen will.
Einige Seilreste, ein paar Holzrollen, die nahe bei der großen Pyramide von Gizeh gefunden wurden, sagen doch verdammt wenig aus. Und die Schlüsse, die man daraus zieht, scheinen mir voreilig... und sehr unwissenschaftlich.
Bitte, meine Damen und Herren, folgen wir Angaben der Archäologen!
Danach besteht die große Pyramide aus etwa 2,5 Millionen Steinblöcken. Darunter gibt es einige, die bis zu 12 Tonnen, andere, die bis zu 20 Tonnen wiegen. Der Großteil hat rund 2,5 Tonnen Gewicht. Bitte, merken Sie sich für die weitere Rechnung diese ungeheuren Massegewichte!
Denn:
Die Archäologen versichern, daß an der großen Pyramide unter Pharao Khufu nicht länger als 20 Jahre gebaut worden sei.
Nun folgen Sie bitte dieser einfachen Rechnung:
Wenn wir die Summe von 2,5 Millionen Steinquadern durch 20 Jahre teilen, dann wurden pro Jahr 125000 Steine verarbeitet.
Sicher gehe ich nicht fehl in der Annahme, daß auch die ägyptischen Sklaven damals nicht Tag für Tag arbeiteten.

Auch sie hatten ihre Festlichkeiten und Feiertage. Setzen wir also 300 Arbeitstage pro Jahr an. Dann teilen wir 125000 Bausteine durch 300 Arbeitstage. Wir kommen auf eine Tagesleistung von 416,6 verarbeiteter Steinquader. Bei solchen Ziffern wird man großzügig. Ich unterstelle deshalb in meiner Rechnung, die Pyramidenarbeiter hätten täglich 12 von 24 Stunden geschuftet – ein langer Arbeitstag!
416 Steine je Tag, geteilt durch 12 Stunden – macht rund 34 Blöcke je Stunde oder – nochmals geteilt durch 60 Minuten... und wir stehen bei einem Akkord von einem Steinquader je zwei Minuten!
Ich habe einen dicken Fehler in meiner Rechnung. Ich ging von fertigen, an der Pyramidenbaustelle griffbereiten Steinen aus – aber das gibt ein falsches Bild! Denn: die Steine mußten ja vorher irgendwo aus dem Fels gebrochen werden, dann auf festgelegte Maße zurechtgemeißelt und poliert werden, danach schließlich an die Baustelle transportiert werden. Auch dieser Herstellungsvorgang brauchte Zeit und viele Arbeitskräfte.
Bei aller Technik, die uns zur Verfügung steht – dieses Pensum könnten wir heute noch nicht schaffen! Sie erinnern sich an die Verlegung von Abu Simbel. Sie dauerte erheblich über zwei Jahre. In internationaler Zusammenarbeit stand der modernste Maschinenpark zur Verfügung. Dabei ist Abu Simbel im Vergleich zur großen Pyramide ein mickriges, lächerliches Bauwerk!

88 Ihre Rechnung hat Professor von Ditfurth längst widerlegt! Er bewies, daß am Anfang, als die großen Basisflächen der Pyramiden zusammengesetzt wurden, viel mehr Steine zu verarbeiten waren als später, als sich das Bauwerk zur Spitze hin verjüngte. Oben brauchte man weniger Steine und Arbeiter als unten!

Verehrter Freund, das ändert doch an meiner Rechnung nichts! Ditfurth dividierte Steine durch Bananen. Ich habe nicht danach gefragt, zu welchem Zeitpunkt mehr oder weniger Arbeitskräfte eingesetzt wurden. Das ist doch in einer *Durchschnittsrechnung* vollkommen belanglos. Ob am Anfang die zehnfache Zahl an Arbeitskräften nötig war wie am Ende – das ändert an der Durchschnittsrechnung keinen Deut. Rechnen Sie bitte nach:
2,5 Millionen mußten in 20 Jahren verarbeitet werden. Macht 125 000 Steine pro Jahr.
125 000 Steine an 300 Arbeitstagen... ergibt 416,6 Steine am Tag.
416 Steine in 12 Arbeitsstunden... sind 34 Steine in der Stunde.
Da eine Stunde immer schon 60 Minuten hatte, mußte durchschnittlich alle zwei Minuten ein Steinblock an seinen Platz gebracht werden! Ob mit vielen oder wenigen Arbeitern! Egal, in welcher Etage der Pyramide gearbeitet wurde. Wenn man den alten Ägyptern das sagenhafte Hochbautempo unterstellt, dann ist freilich durchaus denkbar, daß in der »unteren Etage« vielleicht – wer kann es sich nur vorstellen?! – alle vier Sekunden ein Quader herangeschoben wurde und daß in der Höhe dafür nur alle fünf Stunden so ein Block eingeschoben wurde. Für den *Durchschnittswert*, den ich errechnete, ändert das nichts. Die Logik des Professors von Ditfurth war Unlogik...

*

89 Stimmt es, daß die Cheopspyramide von einem Computer durchleuchtet worden ist?
Ganz so einfach, wie Sie es formulieren, war das nicht. Es war auch nicht die Cheopspyramide, die »durchleuchtet« wurde, sondern die Chephrenpyramide, und die Durch-

leuchtung machte kein Computer, denn der kann nur rechnen und nicht leuchten, er wertete die Daten dieses Versuchs aus.

90 Okay, aber wie wurde es denn gemacht?

Wenn man so will, war der Mann, der wenigstens *ein* Geheimnis der Pyramiden aufklären wollte, ein Außenseiter – allerdings ein hochqualifizierter auf seinem Fachgebiet. Das war der Nobelpreisträger Luis Walter Alvarez. Dieser Physiker und Kernphysiker erarbeitete mit seinen Mitarbeitern eine außerordentliche Verfeinerung der Meßtechnik, besonders bei den sogenannten Massenresonanzen. »Massen« sind in diesem Fall äußerst kurzlebige Elementarteilchen, die beim Zusammenprall sehr energiereicher Teilchen entstehen. Für diese Arbeiten erhielt Alvarez 1960 den Nobelpreis.

Auf dem Gebiet der Strahlenforschung also ist Alvarez einer der ganz Großen unserer Zeit – während die Archäologie sein Hobby ist. Er wollte – mit seinen Mitteln – feststellen, ob eventuell in der Chephrenpyramide bisher unentdeckte Kammern sein könnten, die vielleicht Schätze enthielten oder die vielleicht Hinweise auf Sinn und Zweck der Pyramidenbauten liefern könnten. Er ging den Riesenbau mit kosmischen Ultrastrahlen an. Dazu gehören die sogenannten Myonen, energiereiche Teilchen, die stark genug sind, auch die dicken Pyramidenberge durcheilen zu können. Die Myonen haben dazu einen ganz großen Vorteil: Ihre Flugbahn läßt sich genau berechnen!

Die Idee von Alvarez war also, wie alle wirklich genialen Ideen, sehr einfach: Myonen, die durch massives Gestein hindurchbrechen, sind um Milliardstel Bruchteile einer Sekunde langsamer als die, die Hohlräume durcheilen. Also wurde die Flugbahn der Strahlen berechnet. Wo sie schneller waren als für den Durchbruch der Steinmassen errech-

net, da mußten sie auf ihrer Bahn Hohlräume durchmessen haben. Sie werden zugeben, daß das ein bestechend klares Verfahren ist. Natürlich war das nicht eine Methode, die bereits nach wenigen Tagen Ergebnisse, zuverlässige Ergebnisse, bringen konnte, man mußte das monatelang durchexerzieren, alle Daten einem Computer einfüttern ..., damit man am Ende eine Art von Röntgenaufnahme der Pyramide auf dem Tisch hatte. Auf dieser Aufnahme müßten Hohlräume dunkler als Gestein gezeichnet sein ... Hier liegt wohl Ihr Irrtum, daß ein Computer die Pyramide durchleuchtet hätte ...
Auf die Vorschläge von Alvarez hin stellte das Strahlungslaboratorium der Universität von Kalifornien die notwendigen Geräte für das Experiment nach Maß her. Für die Berechnungen der einfallenden Daten wurde ein IBM-1130-Computer der Kairoer Ain-Schams-Universität benutzt. Für den in den Jahren 1968 und 1969 durchgeführten Versuch mußten nicht weniger als 30 Tonnen an technischen Geräten durch die engen Pyramidengänge transportiert und in den bereits bekannten Kammern wieder zusammengesetzt werden.
Aber: Der ganze Aufwand erbrachte kein Resultat, wenn man nicht auch negative Ergebnisse für ein Resultat nimmt. Man fand weder geheime Kammern noch verborgene Schätze! Allerdings nicht, weil solche Kammern nicht doch möglicherweise vorhanden sind und immer noch unentdeckt geblieben sind. Nein, der Computer spuckte völlig irre Daten aus! Professor Alvarez stand vor einem Rätsel und sagte offen, die Resultate widersprächen allen Erfahrungen und Gesetzen der Physik. Als er seine Arbeit einstellte, sagte Alvarez: »Nennen Sie es Hokuspokus oder wie immer Sie wollen!« Und der ägyptische Leiter des Experiments, Dr. Amr Gohed, sagte dem amerikanischen Magazin TIME: »Wissenschaftlich ist die Sache unmöglich. Was

im Innern der Pyramide vor sich geht, widerspricht allen bekannten Gesetzen der Physik und unserer Elektronik!« Ja, meine Damen und Herren, die Pyramiden wissen beharrlich ihre Rätsel und Geheimnisse zu wahren. Aber: Es wird, gerade weil hier Rätsel so hartnäckig gehütet werden, gerade deshalb immer wieder, wie in den vergangenen Jahrhunderten, Männer wie Luis Alvarez reizen, die harten Nüsse eines Tages doch zu knacken! Vielleicht erleben wir es noch ... und sind dann ein ganzes Stück weiter mit unserem Wissen.

*

91 Herr von Däniken, dies ist die Ausgabe der »Bonner Rundschau« vom 1. Juni 1977. Darin steht unter anderem, ich zitiere: »Das Rheinische Landesmuseum, dessen Archäologen erst vor kurzem die Mär vom Landeplatz der Außerirdischen mit dem Spaten ad acta legten, erhält immer noch eine Flut von Zuschriften, vom UFO-Jugendclub bis hin zu Heimatforschern. Dabei ist dieses Rätsel längst gelüftet: In diesem Jahr steht der ›Eiserne Mann‹ exakt 250 Jahre an seinem Platz. Immer noch spuken die ›Erinnerungen an die Zukunft‹ von Erich von Däniken durch die Köpfe vieler seiner Anhänger. Von Däniken hatte in seinem Buch behauptet, der ›Eiserne Mann‹ stecke 28 m tief in der Erde und sei – wie die Kulubsäule in Delhi – eines der geheimnisvollen Denkmäler, das sich mit den Mitteln der klassischen Archäologie nicht fassen lasse. Von Däniken fragte: Warum kann der ›Eiserne Mann‹ nicht ein Zeichen der Götter sein, die von anderen Planeten zur Erde kamen? Menschenhand könne einen so riesigen, nicht rostenden Eisenpfahl vor urdenklichen Zeiten nicht geschaffen haben. – Nun, inzwischen ist bewiesen, daß der ›Eiserne Mann‹ nicht 28 m, sondern nur gut 150 cm tief in der Erde steckt, aus Holzkohlen-Gußeisen besteht und sehr wohl rostet.« Ende des Zitats.

Ich bin gespannt, ob Ihnen das die Sprache verschlägt!
(Däniken räuspert sich) Nein, mein Herr, ich stelle fest, die Sprache ist noch da! Ich bin ja nicht von gestern, ich habe natürlich den Artikel auch gelesen, und da mich der »Eiserne Mann« aus dem Kottenforst wie Mr. Kimble verfolgt, habe ich erwartet, daß man mich in einer der rheinischen Städte darauf ansprechen würde. Ich bin präpariert.
In den verflossenen Jahren kam mir eine ganze Reihe von Artikeln unter die Augen, in denen man sich hämisch über mich lustig machte ..., freilich, ohne die Fakten zur Kenntnis zu nehmen. Zunächst: In »Erinnerungen an die Zukunft« stand kein Sterbenswort über den »Eisernen Mann«. Darüber berichtete ich in »Aussaat und Kosmos«. Das sind so kleine Zeitungsschnitzer, die ich schon nicht mehr zur Kenntnis nehme.
Sie haben einen langen Artikel vorgelesen, Sie werden mir zugestehen, daß ich nun auch aus meinem Buch zitiere. In »Aussaat und Kosmos« heißt das 6. Kapitel »Raritäten, Kuriositäten und Spekulationen«. Alles, was ich in dieses Kapitel packte, war ohne Zusammenhang, es brachte ein Mosaik von spekulativen Hinweisen auf mögliche Forschungsobjekte. Was den »Eisernen Mann« angeht, schrieb ich wörtlich ... und ich zitiere: »Man muß nicht immer das ausgeplünderte Abendland verlassen, um zu ebenso verwunderlichen Entdeckungen zu kommen! Im Kottenforst, wenige Kilometer westlich von Bonn, steht ein Eisenpfahl, den die Leute dort, *wie mir Dr. Harro Grubert, Köln, schreibt,* seit Urväterzeiten den ›Eisernen Mann‹ nennen. Der Eisenpfahl ragt 1,24 m aus dem Boden, *soll* aber nach verschiedenen Schätzungen und Magnetwiderstandsmessungen 28 m tief im Boden stecken.« Zitatende.
Wer Augen hat, richtig zu lesen, wird begriffen haben, daß es sich bei dem Hinweis auf den »Eisernen Mann« *nicht* um ein Fundobjekt handelte, das ich an Ort und Stelle prüfte,

sondern um ein Phänomen, von dem mir Herr Dr. Harro Grubert aus Köln schrieb. Eine so kuriose Sache in einem Kapitel »Raritäten, Kuriositäten und Spekulationen« mitzuteilen, halte ich für legitim, besonders deswegen, weil ich im Text überhaupt nichts behaupte, sondern lediglich eine fremde Meinung unter Namensangabe wiedergebe.
Im übrigen bin ich froh, daß die lokale Archäologie dem Spukgerede um den »Eisernen Mann« ein Ende machte. Ich habe guten Grund zu der Vermutung, daß man ohne meinen Hinweis in Bonn heute noch nichts Genaues über diesen Eisenpfahl wüßte.

92 Sie behaupten doch auch, daß es in einem Tempelhof in Delhi eine Säule gäbe, die nicht rostet. Im PLAYBOY las ich, daß sie sehr wohl rostet!
Sie rostet nicht! Als mir der PLAYBOY-Interviewer seinerzeit sagte, die Säule würde inzwischen rosten, habe ich ihm das geglaubt. Aber: Ein Jahr später war ich in Delhi und sah mir die Säule nochmals an. Mein Herr, sie rostet nicht!

93 Man weiß doch, weshalb die unteren Teile nicht rosten! Die Einheimischen verehren die Säule, küssen und umarmen sie. Bei diesen Berührungen bekommt die Säule ständig etwas Fett der Körperoberfläche ab und wird dadurch konserviert!
O heilige Einfalt! Ich muß eine schier blasphemische Bemerkung machen: Ich würde gern Inder sehen, die so viel Speck an ihren unterernährten Körpern haben, daß sie davon Fettpartikel bei der Berührung der Säule absondern könnten! Was passiert wirklich? Durch das Berühren der Säule mit Armen und Händen wird dauernd Menschenschweiß übertragen, und im Schweiß sind, außer Kochsalz, unter anderen Ingredenzien auch Harnsäure, Ammoniak, Fett- und Milchsäuren enthalten, die gerade das Gegenteil

einer Konservierung bewirken, sie beschleunigen ein Rosten! Das beste ist, Sie fahren hin und überzeugen sich: Die Säule rostet wirklich nicht!

*

94 *Sie behaupten immer wieder, die Ebene von Nazca wäre ein Flughafen gewesen. Diese Behauptung ist nicht zu halten. Der Boden auf der Ebene von Nazca ist viel zu weich, als daß ein Flugapparat darauf landen könnte!*

Sie unterstellen mir Dinge, die ich nie gesagt und geschrieben habe!

Schon in »Erinnerungen an die Zukunft« sagte ich klar und deutlich: »Ob die Ebene von Nazca je ein Flugplatz war, ist heute noch nicht mit Bestimmtheit zu sagen ... Ist die Vermutung abwegig, daß die Linien angelegt wurden, um den Göttern anzuzeigen: Landet hier! Es ist alles vorbereitet, wie Ihr es befohlen habt! Mögen die Erbauer der geometrischen Figuren nicht geahnt haben, was sie taten. Vielleicht wußten sie, was die Götter zum Landen brauchten!«

In »Zurück zu den Sternen« machte ich eindeutig klar, daß die Ebene von Nazca *kein* Flughafen war. Ich schrieb, daß die Linien von Nazca von den frühen Bewohnern in einer Art von Cargo-Kult erstellt worden sein könnten. Anlaß und Ursache für diesen Kult wäre dann allerdings eine ehemalige Landung von Außerirdischen gewesen. Am Rande vermerkt: Die Behauptung, der Untergrund auf der Ebene wäre nicht tragfähig, ist wirklicher Unsinn. Muß man denn, wenn man an eine Landung denkt, gleich einen Jumbo-Jet vor Augen haben, der mit seinen Rädern einige tausend Tonnen Gewicht in den Boden drückt? Stellen Sie sich doch mal eine fliegende Apparatur vor, die auf dem Prinzip der Antigravitation beruht. Oder denken Sie nur an ein Luftkissen!

95 *Ihre Deutungen hängen in der Luft! Inzwischen haben doch Archäologen bewiesen, daß die Ebene von Nazca ein Startplatz für Ballone gewesen ist...*
Was Sie nicht sagen! Natürlich kenne ich das Buch von Jim Woodman, in dem diese Ballonidee demonstriert wird. Und da muß ich schon sagen: Die tut meinen bisherigen Deutungen nicht den geringsten Abbruch. Tausend Pfund für Sie, wenn Sie mir nachweisen können, daß ich je behauptet habe, die Inkas wären *nicht* mit Ballonen geflogen! Wenn aber schon Ballone: Seit wann brauchen die zum Start oder zur Landung Pisten? Am Rande vermerkt: Jim Woodman verwendete für seinen Ballonstart einen sogenannten Nachbrenner – das ist eine Düse, wie sie für Ölheizungen gebraucht wird. So was, meine Damen und Herren, haben die Inka ganz sicher nicht gehabt!

96 *In der Bucht von Pisco gibt es diese riesige Markierung, die wie ein Kandelaber ausschaut und zum Himmel weist. Sie behaupten: Wenn Ihre Idee von der Ebene von Nazca richtig läge, dann müßte es ähnliche Markierungen wie die in der Bucht von Pisco auch weiter südlich von Nazca geben. Haben Sie welche gefunden?*
Ja. Meine Vermutung wurde inzwischen bestätigt. In den letzten Jahren sind sowohl an der peruanischen wie an der chilenischen Küste an Berghängen weitere, sehr große Markierungen gefunden worden. In meinem Film »Botschaft der Götter« habe ich sie gezeigt.

*

97 *Sie sagen, Außerirdische hätten die Statuen auf der Osterinsel geschaffen. Thor Heyerdahl hat aber in seinem Buch »Aku-Aku« bewiesen, daß diese Riesenstatuen von den Vorfahren der heutigen Osterinsulaner angefertigt wur-*

den. Und: Heyerdahl ließ eine Statue aus dem Fels meißeln, transportieren und aufrichten. Außerdem sagt Heyerdahl, daß die Insulaner in diesen Statuen ihre frühen Vorfahren dargestellt haben.

Nur ganz kurz, weil ich jene Zuhörer nicht mit Wiederholungen langweilen will, die meine Osterinsel-Theorie genau gelesen haben. Ich habe nicht gesagt, Außerirdische hätten die Statuen geschaffen. Ich habe gesagt, fremde Kosmonauten könnten den Ur-Insulanern Werkzeuge von technischer Perfektion gegeben haben, mit denen die titanische Steinmetzelei zu bewerkstelligen war.

Ich muß sagen, es ist erstaunlich, wie hartnäckig sich das Märchen am Leben hält, Thor Heyerdahl habe eine Statue aus dem Vulkangestein des Kraters Rano Raraku herausmeißeln lassen! Wahr ist, daß er nie eine Statue herausmeißeln ließ. Richtig ist, daß er Insulaner mit primitiven Steinfäustlingen am Fels arbeiten ließ. Mit Steinfäustlingen, weil man einige hundert davon im Krater fand. Das Ergebnis dieses verzweifelten Hämmerns kann man heute noch sehen: Einen Strich nur, ein Kratzer, von einigen Millimetern Länge und Breite. Richtig ist, daß Heyerdahl eine Statue über eine kurze Strecke transportieren und dann aufrichten ließ. Für diesen Versuch nahm man eine sehr kleine, wenn nicht die kleinste Statue. Also keine von den Mammutgestalten, die bis 20 m hoch und 50 Tonnen schwer sind! Bei Heyerdahls Test benutzte man Holzrollen, Seile und Steine. Ich wage es nach wie vor zu bezweifeln, ob es auf der winzigen, baumlosen Osterinsel zu irgendeiner Zeit ausreichende Mengen an Holzrollen und Seilen zum Transport der Kolosse gegeben hat.

Ganz absurd ist die immer wiederkehrende Behauptung, die Insulaner hätten in den Statuen ihre Vorfahren abgebildet. – Betrachten Sie doch mal die roboterähnlichen Köpfe mit ihren niedrigen Stirnen, schmallippigen Mündern, lan-

gen, geraden Nasen und tiefliegenden Augen! Kein Angehöriger irgendeines polynesischen Stammes hat solche Merkmale.
Ich war mehrfach auf der Osterinsel. Heute noch »kleben« über 200 unfertige Statuen im Krater des erloschenen Vulkans. Ich habe den Abstand von der Lava zu den einzelnen Statuen gemessen. Zwischen Fels und Stirn kam ich auf Zwischenräume von 1,30 m, Zwischenräume, die sich in dieser Breite auf eine Länge bis zu 32 m hinziehen. – Wer glaubt, daß diese Zwischenräume mit primitiven Steinfäustlingen freigelegt wurden, mag mit diesem Glauben glücklich werden. Ich stehe zu der Hypothese, die ich in meinem Buch »Meine Welt in Bildern« angeboten habe. Es ist nicht nur meine Überzeugung, es ist die Überzeugung vieler Osterinsel-Besucher, daß die Faustkeiltheorie das Rätsel nicht zu lösen vermag. Es waren wohl unbekannte Werkzeuge mit von der Partie.

*

98 Sie haben heute abend wieder die Grabplatte von Palenque gezeigt und wieder behauptet, das sei die Darstellung eines Astronauten. Ich bin Doktorand der Archäologie. Ich kann Ihnen sagen, daß diese Grabplatte von ihrem geschichtlichen Aufbau her in allen Punkten erklärbar ist. – Sie zeigt keineswegs einen Astronauten, sondern den Herrscher von Palenque, der in den symbolischen Rachen eines mythologischen Monsters fällt. Es gibt auch am Ende des Sitzes keine Feuerflamme, wie Sie zu behaupten belieben – das sind ganz einfach stilisierte Haare des Wettergottes. Und der vordere Teil der Platte zeigt im Zentrum das Kreuz des Lebens, das man oft auch als Lebensbaum bezeichnet. Dieser Lebensbaum ist in der Archäologie wohlbekannt, man findet ihn auf verschiedenen älteren Maya-Stelen. Außerdem sind auf der

Grabplatte einige astronomische Symbole zu erkennen, die ich Ihnen, wenn Sie wollen, im Detail erklären kann. Weshalb nehmen Sie eigentlich diese Tatsachen nicht zur Kenntnis und hausieren immer noch und immer weiter mit Ihren Märchen von dem Astronauten?

(Einiger Beifall)

Herr Doktor in spe, darf ich Sie freundlich bitten, mir zu sagen, wo, in welcher anderen Maya-Stadt man je einen Menschen in dieser sitzenden Haltung gesehen hat wie auf der Grabplatte von Palenque?

99 Nun, eine Figur in dieser Haltung gibt es tatsächlich nirgends, aber: das meiste, was man drumherum sieht, das ist uns Archäologen bekannt.

Bekannt vielleicht, aber nicht erklärt! Möchten Sie mir, bitte, erklären, was die Inschrift aussagt, die rings um die Platte verläuft?

100 Das ist nicht möglich, und das wissen Sie selbst ganz genau! Einige Symbole dieser Inschrift sind offensichtlich astronomische Symbole, aber eine zusammenhängende Mitteilung konnte bisher nicht entziffert werden.

Sehen Sie, jetzt habe ich Sie an dem wunden Punkt, auf den es mir ankommt! Da sehen wir einen Menschen in einer Art von Kapsel sitzend... und man nennt das Ganze ein »mythologisches Monster«! Dieser Mensch sitzt in einer durchaus ungewöhnlichen Stellung, bedient mit beiden, übrigens recht zarten und gar nicht monsterhaften Händen irgendwelche Knöpfe. Und die ganze Platte wird von einer geheimnisvollen Schrift umrahmt, die, wie Sie eben selbst zugegeben haben, bisher nicht entziffert werden konnte.

Ohne weiteres bin ich bereit, Ihnen zuzugeben, daß eine ganze Reihe von Zeichen auf dieser wundervollen Grabplatte bekannt sind, wie der von Ihnen erwähnte Lebens-

baum. Aber: Bedeutet für Sie »bekannt sein« zugleich »richtig gedeutet«?! Mir scheint das nicht astrein wissenschaftlich...
Nehmen wir den Lebensbaum als Exempel! Haben Sie die Güte, mir zu erklären, was denn ein »Lebensbaum« eigentlich ist? Bisher hatte ich nämlich noch nicht das Glück, einen richtigen Lebensbaum zu sehen. Was wir *heute* unter Lebensbaum verstehen, das ist eher eine Art von Stammbaum, doch den haben die Maya-Künstler mit ihrem Lebensbaum sicherlich nicht gemeint, denn seine Darstellung zeigt nur einen groben Klotz mit Querlatte. Weshalb also »Lebensbaum«!? Wer hat zum ersten Mal diesem Gebilde den Namen »Lebensbaum« verliehen? Ich kann Ihnen sagen, wie das war, denn ich habe die Geschichte in der Literatur zurückverfolgt.
Der Lebensbaum ist ein beliebtes Motiv in der Weltarchäologie. Er tauchte schon auf altsumerischen Siegeln auf, dort sieht er freilich ganz anders aus als Ihr Maya-Lebensbaum, mein Herr! Mit dem »Baum des Lebens« hatten es selbst Adam und Eva im Paradies schon zu tun. Aber: selbst die Ethymologen sind sich ausnahmsweise einig und meinen, daß damit kein richtiger Baum gemeint war. Der Baum hatte nur Symbolcharakter. Ob das aber tatsächlich so war, das steht letztlich in den Sternen, denn die Idee, daß es sich bei diesen Darstellungen um einen »Lebensbaum« gehandelt haben soll, diese Idee wurde ja von uns erfunden und nicht von den Altvorderern, die die Gebilde schufen!
Als die ersten Archäologen im Dschungel von Yucatan Stellen fanden, auf denen so etwas wie das Kreuz auf der Grabplatte von Palenque zu sehen war, da tauften sie diese Kreuze auf den Namen »Lebensbaum«, und damit ging dieser Begriff in die Maya-Literatur ein. Wann und wo seitdem Stelen mit ähnlichen Kreuzen gefunden wurden, waren das – simsalabim! – im Handumdrehen »Lebensbäume«! Man

sieht schon den Wald vor lauter Lebensbäumen nicht mehr. Aber: Von nun an »wissen« Studenten der Archäologie, daß dies Gebilde ein Lebensbaum und keinesfalls etwas anderes sein kann oder darf. Sie lernen das von Generation zu Generation, aber: Macht sich noch einer einen einzigen Gedanken darüber? Nein, das ist ja auch nicht ungefährlich. Wer ernst genommen werden will, hat die Lehrmeinung nachzuplappern. Wer das nicht tut, ist ab sofort unseriös und hat nicht mehr das Recht, am Busen der Alma mater zu nuckeln!

Auf diese Weise manifestieren sich in der Literatur archäologische Begriffe wie »Lebensbaum«, sprießen die unglaublichen »stilisierten Haare eines Wettergottes«, reißen »mythologische Ungeheuer« ihren »Rachen« auf. Lassen Sie einen Laien darum bitten, es doch etwas wissenschaftlicher zu halten! Ein Begriff steht für die Gesamtheit wesentlicher Merkmale in einer gedanklichen Einheit. Wie können Sie denn willkürlich mit Begriffen umgehen, für die es diesen Inhalt und Anhalt überhaupt nicht gibt?! Nur, weil Sie es so gelernt haben? Bitte, seien Sie doch mal in so einem konkreten Fall rebellisch! Sie gehen doch mit Erfindungen um, die nicht den geringsten praktischen Wert haben.

Sie dürfen mir glauben, ich habe genau wie Sie die archäologischen Werke des berühmten Forschers Paul Rivet und die des Entdeckers der Grabplatte, Dr. Ruz, gelesen, ich bin mit seinen Deutungen der Grabplatte von Palenque vertraut... aber ich bin nicht einverstanden damit! Wenn der Sinn von Deutungen darin besteht, Sinnloses aneinanderzureihen, dann hört für mich aber auch jeder Sinn auf!

(Beifall)

Wenn alte Deutungen nichts aussagen, dann soll man doch, bitte schön, den Mut haben, sie mindestens teilweise über Bord gehen zu lassen! Ich *kann* nunmal mit »stilisierten Barthaaren des Wettergottes« nichts anfangen, weil es für

mich erstens keinen Wettergott gibt und zweitens, weil – wenn schon! – dieser Wettergott keine Barthaare hätte, die sich auch noch stilisieren lassen!
Streiten möchte ich mit Ihnen – meine Herrschaften, verzeihen Sie dieses lange Zwiegespräch! –, streiten möchte ich mit Ihnen gern über das Alter der Grabplatte von Palenque. Zur allgemeinen Information: Das Alter des Tempels der Inschriften, in dem sich die Grabplatte befindet, wird auf rund 600 nach Christus datiert. Und damit wären wir eigentlich bei einer Jahreszahl, zu welcher meine Götterbesuche längst vorüber sein müßten.
Doch: Wie sicher ist diese Datierung? Verehrter Herr Doktor in spe, Sie werden nicht bestreiten, daß in den vergangenen Jahren immer wieder Rückdatierungen vorgenommen werden mußten, Korrekturen von Daten, mit der C 14-Methode ermittelt und als bombensicher angenommen! Wer kann sich denn hinstellen und behaupten, daß die Grabplatte von Palenque vielleicht gar nicht die erste Darstellung dieser Art ist?! Gab es nicht möglicherweise schon vorher, schon früher eine solche Darstellung, die in Palenque erstmals in solcher Größe und Dicke wiederholt wurde? Schließlich geht der Maya-Kalender auf über 3000 Jahre vor Christus zurück. Wieso und weshalb eigentlich? Laut archäologischer Lehrmeinung gab es ja damals keine Maya! Gern und sofort lasse ich mich von Ihnen oder einem anderen Archäologen bekehren, wenn ich eine *überzeugende* Erklärung für das Palenque-Rätsel bekomme. Bekehren können Sie mich nicht, wenn ich nur Nachgebetetes vorgesetzt bekomme!

(Beifall)

101 Herr von Däniken, ich halte es für wenig sinnvoll, wenn wir uns vor diesem Forum, das hörbar überwiegend aus Ihren Anhängern besteht, über Maya-Symbole auslas-

sen. Sie haben vorhin eine Dame zu einem Glas Wein eingeladen. Kann ich dazukommen? Ich denke, ich kann Ihnen mit einigen Hinweisen nützlich sein.
Mit großem Vergnügen. Wir sehen uns nachher!

102 Ihre Antworten auf Fragen des jungen Archäologen haben mir bewiesen, daß Sie sich über alle archäologischen Erkenntnisse hinwegsetzen und nur Ihre Meinung gelten lassen. So geht das nicht, Herr von Däniken. Das ist keine Methode! Sie sind ein Ignorant!
Sie werden hier im Saal niemanden finden, der Ihre Behauptung bestätigen wird. Ich habe *nicht* gesagt, daß nur meine Meinung gilt, aber ich habe gesagt, daß ich mit den bisherigen offiziellen Erklärungen zur Grabplatte von Palenque nichts anfangen kann. Haben Sie das überhört? Als 592 vor Christus die Götter den Propheten Hesekiel besuchten, ärgerten sie sich offensichtlich über die Begriffsstutzigkeit unserer Vorfahren. Sie sagten ihm einmal: »Ihr Menschen habt Augen, um zu sehen – und seht doch nichts!« – Betrachten Sie unvoreingenommen die Grabplatte. Vielleicht haben Sie den richtigen Blick!

103 Sie behaupten, Außerirdische hätten diese Grabplatte gemeißelt. Ja – wozu denn?!
Da unterschieben Sie mir etwas, was ich nie und nimmer behauptet habe! Ich vertrete lediglich die Ansicht, daß Maya-Künstler sie nach Vorbildern oder Vorstellungen gemacht haben, die sie von einem ihrer Himmelsgötter hatten. Außerdem wäre selbst die Annahme, ein Außerirdischer hätte eine Rohskizze für die Platte gezeichnet, nicht so ohne weiteres von der Hand zu weisen! Der Zweck könnte genau der gewesen sein, der auch erreicht wurde: Spätere Generationen sollten über die Abbildung dieses raumfahrenden Wesens diskutieren! Ich habe es heute abend wohl

schon mal gesagt: derartige Indizien *können* von den Fremden absichtlich hinterlassen worden sein. Vielleicht ergeben sich aus der Summe solcher Indizien – beispielsweise, wenn die Randschrift der Grabplatte mal entziffert sein wird – vielleicht ergeben sich dann Hinweise auf einen logisch-mathematischen Punkt, an dem eine Zeitkapsel deponiert ist! Hätten die Götter keine Fragezeichen hinterlassen, würden wir ja nicht nach ihnen suchen. Die Grabplatte von Palenque hat doch einen frappierenden Erfolg! Seit ich sie als raumfahrenden Astronauten interpretierte, wird darüber diskutiert!
In der exakten Wissenschaft, in der Physik, in der Chemie beispielsweise, ist es doch so, daß eine Annahme erst dann als gesichert gilt, wenn die Ergebnisse von Experimenten keinen anderen Schluß mehr zulassen. In der Archäologie wie in anderen Sammelwissenschaften geht es, leider, nicht so exakt zu, wir haben es nämlich nicht mit exaktem Wissen zu tun. Alle Annahmen über unsere Vorfahren sind ständigem Wandel unterworfen, die Fachleute selbst ersetzen sie am Fließband – entweder lauthals oder klammheimlich – durch immer neue Ansichten. Und, so lange Annahmen nicht restlos überzeugen können, darf man sie nicht nur, man muß sie in Frage stellen. Jede frische Deutung sollte begrüßt werden. Ich mag keinen Stillstand, mein Herr, und was Sie von mir verlangen, wenn Sie mich einen Ignoranten nennen, das wäre nichts anderes als Stillstand, ich soll brav derselben Ansicht sein, die gelehrt wird und nicht dauernd störend und eigenmächtig denken. Mein Herr, dann bleibe ich in Ihren Augen lieber ein Ignorant!

(Beifall)

104 Sie und der Archäologiestudent haben vorhin gesagt, die Schrift der Grabplatte von Palenque sei bisher nicht entziffert worden. Ich habe aber eine Übersetzung gelesen, die

stammte von einem Archäologieprofessor Dr. Pantel, glaube ich...
Der Archäologiestudent:
Darf ich darauf antworten? – Danke! – Diese angebliche Entzifferung ist ganz und gar willkürlich und in jeder Hinsicht falsch. In dieser Interpretation sind selbst die wenigen Zeichen, die mit Sicherheit gedeutet sind, falsch interpretiert!

Danke für die Assistenz. Davon wußte ich nichts!

*

105 Sie schreiben über die Maschine von Antikythera, die sich im National-Archäologischen Museum in Athen befinden soll. Ich war letzten Sommer dort: Diese Maschine gibt es nicht!
Die Maschine gibt es, mein Herr! Sonst könnte ich sie wohl kaum in meinem Buch »Meine Welt in Bildern« abgebildet haben! Die dort gezeigten Fotos stellte mir der renommierte deutsche Fernsehmann Ernst von Khuon zur Verfügung, der einen ganzen Film darüber drehte. Diese vielumrätselte Maschine, die nicht jünger als ein Jahrhundert vor unserer Zeitrechnung sein kann, diese Maschine wurde im Jahre 1901 von dem Archäologen Valerios Staios unter Gerümpel entdeckt, das aus 60 m Tiefe aus dem Wrack eines Schiffes geborgen wurde. Der englische Physiker und Mathematiker Derek de Solla Price untersuchte die Maschine und schrieb ein Buch darüber.
Warum Sie die Maschine nicht gesehen haben, kann ich Ihnen sagen: Einmal gehört sie zum Kostbarsten, was das Museum besitzt... und: Der verblüffende Mechanismus wird noch laufend von Wissenschaftlern untersucht. Ich sprach mit solchen Wissenschaftlern, die die Maschine untersuchen durften. Alle sagten mir, daß die Präzision ver-

blüffend wäre, sie zeige Abweichungen nur um $1/10$ mm, 40 Zahnräder mit 240 Zähnen würden tadellos ineinandergreifen.

Wenn Sie mehr darüber wissen wollen, lesen Sie es, bitte, in meinem Buch nach.

Sie haben die Maschine von Antikythera nicht gesehen, ich habe Ihnen die Gründe dafür genannt. Sie werden mir zugeben: Man kann nichts filmen, was nicht vorhanden ist!

Lassen Sie mich Ihnen in diesem Zusammenhang einen Fall nennen, der eigentlich unglaublich ist.

Auf den Seiten 170 und 171 meines Buchs »Meine Welt in Bildern« zeigte ich ein altägyptisches Flugzeugmodell mit den dazugehörigen Hieroglyphen. Im begleitenden Text berichtete ich über diese kuriosen Modelle.

Ich notierte, daß ein solches Flugzeugmodell im Jahre 1898 in einem Grab bei Sakkara gefunden wurde und daß man ihm ein Schildchen »Vogel« umhängte und es im Ägyptischen Museum in Kairo unter diesem Stichwort in den Katalog aufnahm. Unter der Nummer 6347, so sagten die Quellen, stand dieses Exponat dort unter einer Schar anderer altägyptischer »Vögel«... bis im Jahre 1969 dieser seltsame Vogel aus seinem Nest geholt und als Kuckucksei entlarvt wurde.

Was war passiert?

Es war ein Doktor Khalil Messiha, der sich die »Vögel« ansah und stutzig wurde.

Im Gegensatz zu allen anderen Vögeln hatte Nr. 6347 nicht nur gerade Flügel, sondern auch eine hochgestellte Schwanzflosse.

Dr. Messiha nahm sich des fremden Vogels an und fand ein feines Zeichen eingraviert: PA-DIEMEN, was in Altägyptisch heißt »Geschenk des Amon«.

Wer war Amon? – Amon war »der Herr des Lufthauchs«, er ging eine Symbiose mit dem Sonnengott Ra ein und avancierte zum »Lichtgott«.

Nach intensiven Forschungen steht heute fest, daß Nr. 6347 ein Flugzeugmodell ist. Es besteht aus Holz, es wiegt 39,12 Gramm, und es ist in gutem Zustand. Die Spannweite beträgt 18 cm, die Flugzeugnase ist 3,2 cm lang, die ganze Länge hat 14 cm.
Flugzeugspitze, Flügelenden wie der ganze Körper sind aerodynamisch ausgeformt. Außer einem symbolischen Auge und zwei kurzen Linien unter den Flügeln gibt es keine dekorativen Verzierungen, das Modell hat auch keine Landebeine.
Im Januar 1972 wurde in der Halle des Ägyptischen Museums für Altertümer die erste Ausstellung altägyptischer Flugzeugmodelle eröffnet. Dr. Abdul Quader Hatem, der Vertreter des damaligen Premierministers und der Luftfahrtminister Ahmed Moh präsentierten der Öffentlichkeit 14 altägyptische Flugzeugmodelle.
Meine Damen und Herren, ich *habe* eine kombinatorische Phantasie, aber die setze ich *nie* ein, wenn ich harte, greifbare Tatsachen vorstelle. Namen und Daten entnehme ich Dokumenten. Natürlich auch in diesem Fall.
Ich dachte, ich traue meinen Augen nicht, als ich am 26. März 1976 im »Tagesanzeiger«, Zürich, einen Artikel des Professors von Ditfurth las, in dem er doch behauptete, er wäre in Kairo gewesen und habe an Ort und Stelle versucht, den von mir veröffentlichten Fakten nachzugehen, aber es habe im ganzen Museum kein »Flugzeugmodell« gegeben. Unter der von mir angegebenen Exponatnummer habe er die Mumie von Thutmosis III. gesehen. Und, so Herr von Ditfurth, er habe den wissenschaftlichen Leiter des Museums gefragt, und der habe den in meinem Buch abgebildeten Gegenstand nie gesehen.
Als ich diesen Artikel im »Tagesanzeiger« las, kam mir, Sie können sich das vorstellen, die Galle hoch. Ich schrieb einen Brief an die Redaktion, ich übersandte Dokumente, die alle

meine Aussagen belegten, und bat darum, die Unterlagen an Herrn von Ditfurth weiterzuleiten.
Noch mal traute ich meinen Augen nicht, als der Professor in einer neuerlichen Zuschrift – trotz Dokumente – seine Unterstellungen wiederholte. Ich möchte deshalb Herrn Professor von Ditfurth erneut und dringlich an seine Wahrheitspflicht als Wissenschaftler erinnern.
Ich hatte angenommen, daß der Professor lesen könnte und sich nun sagen müßte: Was man fotografiert, das muß existieren und: Die vielen Namen von Fachleuten nebst den dazugehörigen Daten, die müßten doch verifiziert sein!
Meine Damen und Herren, derselbe Professor kommt mit den gleichen falschen Behauptungen im Herbst 1977 *nochmal* schwarz auf weiß unter meine Augen! In der Zeitschrift eines Pharmakonzerns wiederholt er haargenau dieselbe Geschichte.
Bei seiner erstmaligen Behauptung gab es meinen Film »Botschaft der Götter« noch nicht. Wenn er *mir* schon unterstellen würde, ich hätte vielleicht in einer Werkstatt das abgebildete Flugzeugmodell anfertigen und in einem Fotoatelier ablichten lassen, dann hätte er in dem *Film* eben genau das vor mir abgebildete Flugzeugmodell von allen Seiten, von links, von rechts, von oben, von unten betrachten können. Aufgenommen von dem Kameramann Ernst Wildt im Ägyptischen Museum in Kairo! Ernst Wildt hat von dem Modell einige hundert Filmmeter gedreht, viel mehr, als im Film gezeigt werden konnte. *Das* müßte sogar Herrn von Ditfurth ausreichen!
Ich spreche zu Ihnen von diesem Fall, damit Sie erkennen können, mit wie delikaten und ungeheuer seriösen Mitteln gegen mich »argumentiert« wird. Weil ich unbequem bin. Weil ich nicht zu vereinnahmen bin...
Übrigens sollte jedermann wissen: Wenn in einem Museum ein Ding zufällig mal nicht ausgestellt ist, bedeutet das na-

türlich nicht, daß es nicht existiert! Es *gibt* die Maschine von Antikythera, wie es das altägyptische Flugzeugmodell gibt!

106 Ich habe gehört, oder ich glaube, es steht sogar irgendwo bei Ihnen, daß es keine echten alten Manuskripte oder echte alte Bücher mehr gibt. Ich meine, Bücher, die während des Pyramidenbaus oder noch früher geschrieben wurden. Alle diese echten alten Bücher sollen zerstört sein. Können Sie uns etwas über diese Bücherzerstörungen sagen?

Ich erinnere mich, daß Professor Bellamy, der Autor der ersten Forschungsbücher über Tiahuanaco, einen Überblick über Zerstörungen von Büchern im Altertum gegeben hat. Der alte Herr Professor Bellamy lebt heute in Wien, wir kennen uns persönlich.

In der Schule wird uns die bekannte Menschheitsgeschichte an einer Liste von Kriegen dargestellt, wir wissen zum Schluß einigermaßen, wer gegen wen gekämpft hat. Mit Kultur, mit Menschheitskultur hat das alles wenig zu tun, denn die Menschheit hat durch die Zerstörung von Büchern, durch das Zerstören von Bibliotheken mehr, viel mehr verloren als durch diesen oder jenen angeblich die Zeiten wandelnden Krieg. Kriege veränderten Machtpositionen auf der Landkarte. Bücherverbrennungen aber machten die *ganze* Menschheit ärmer. Und das Widersinnige, das Idiotische ist, daß diese schriftlichen Überlieferungen nur zu einem minimalen Bruchteil durch Naturkatastrophen, die richteten natürlich auch Schäden an, daß nur ein verschwindend geringer Teil durch die Natur zerstört wurde... Der Mensch beraubte sich selbst seiner Geschichte und seines Wissens. Autodafés, wie man feinerweise Bücherverbrennungen nennt, gab es zu allen Zeiten, es gibt sie heute noch, aber heute sind sie nicht mehr so gravierend, nicht mehr so endgültig, wie sie früher waren: heute existieren Bücher nicht, wie in frühen Zeiten, nur in

einem oder zwei Exemplaren. Heute überleben Bücher Gewaltvernichtungen. Hitler konnte mißliebige Bücher in Deutschland zwar verbrennen lassen, aber irgendwo und an vielen Orten der Welt überlebten sie Gott sei Dank.
Die Menschheitsgeschichte zeigt viele weiße Flecken! Sie fragten nach Büchern aus der Zeit des Pyramidenbaus... Keines überstand die Zeiten! Man *weiß* heute lediglich noch, daß der Pharao Ramses III. eine riesige Bibliothek zusammentragen ließ. Geblieben ist *nichts!* Die klugen Herrscher ließen im Altertum zwar immer wieder Bücher zusammensuchen, sie richteten unverdrossen neue Bibliotheken ein, aber immer neue Eroberungskriege vernichteten allemal wieder die »neuen« Bibliotheken.
Erst wenn man ein paar Zahlen hört, ahnt man ungefähr, was die Flammen auffrassen. Fachleute schätzen, daß es in der Bibliothek von Alexandria über 700000 Pergamentschriften gegeben hat. Nicht eine einzige blieb unversehrt! Als Cäsar 47 nach Christus im Hafen von Alexandria seine Truppen wüten ließ, Häuser in Brand stecken ließ, da ging auch die Bibliothek in Flammen auf. Cleopatra kehrte nach Cäsars Tod – Sie wissen, die beiden hatten was miteinander –, kehrte nach Ägypten zurück, und sie bekam von der kleinasiatischen Bibliothek in Pergamon 200000 Pergamentrollen geschenkt, die wieder in Alexandria den Grundstock einer Bibliothek bildeten. Nix, gar nix blieb, etwa 200 Jahre später ließ der römische Kaiser Diokletian die Bibliothek wiederum vernichten. Selbst der dritte Versuch, die alexandrinische Bibliothek durch das Einsammeln alter Schriften im ganzen Reich wieder zu altem Glanz und Reichtum zu führen, auch dieser dritte Versuch scheiterte. Unter Theodosius I., dem man wohl irrtümlicherweise den Beinamen »der Große« anhängte, wurde die Bibliothek von christlichen Heeren neuerlich gebrandschatzt. Als schließlich Alexandria wieder unter arabi-

scher Herrschaft kam, ging's noch mal arg lustig zu: die Stadt stand in Brand, und in dem Brand loderten die allerletzten Bücher aus frühen Zeiten! Ein trauriges Kapitel für den Geschichtsunterricht aus *einer* Stadt über *eine* Bibliothek!

Cäsar ließ auf seinen Kriegszügen Bibliotheken vernichten. Alexander der Große ließ im Iran die Urschrift des Awesta verbrennen, und das Awesta enthielt die uralten religiösen Texte der Parsen. Irgendeiner der vielen chinesischen Kaiser ließ um 200 vor Christus per Befehl sämtliche alten Bücher verbrennen. Nicht anders ging's in Süd- und Zentralamerika zu. Durch religiösen Fanatismus und unvorstellbare Dummheit wurden Feste der Zerstörung »gefeiert«. Nach Meinung des ersten Erzbischofs von Mexiko, Don Juan de Zumarraga, enthielten die alten Schriften nichts als »abergläubisches Zeug«, dieser ebenso fromme wie dumme Herr ließ Zehntausende von Maya- und Inkahandschriften verbrennen.

Was war der Anlaß für diese sinnlose Zerstörungswut? Was trieb so viele der angeblich »Großen« der Menschheitsgeschichte und so viele religiöse Eiferer eigentlich dazu, unersetzliches Kulturgut, alte Schriften nämlich, in Flammen aufgehen zu lassen?!

Das Motiv war immer dasselbe... Rechthaberei! Weder die weltlichen noch die religiösen Herrscher wollten zugeben, daß es vor ihnen oder daß es neben ihnen ältere und weit größere Kulturen gegeben hatte als die, die sie sich anmaßten, mit ihrem Auftreten zu begründen! Sie zertraten, sie vernichteten die Spuren und Zeugnisse einer frühen, großen Vergangenheit..., um selbst in hellerem Licht zu erscheinen. Daß es nach jedem Auflodern der Folianten dunkler für die Menschheit wurde, das haben sie alle nicht begriffen.

Es gibt nur noch wenige unzerstörte alte Schriften, und die

umfangreichsten davon existieren noch in Tibet. Das sind die heiligen Bücher Kandschur und Tandschur. Der Kandschur allein zählt über 1000 Bücher, und der Tandschur hat 225 Bände. Auch diese riesige Bibliothek hätte die Zeiten nicht überdauert, wenn die Folianten, sie sind einen Meter breit, die »Seiten« sind Holzblöcke von 15–20 cm Dikke, wenn diese Werke nicht in Kellern über die weiten Täler verstreut, von Gläubigen gehütet worden wären. Der ärgerliche Witz aber ist: bisher fanden sich nur zwei Spezialisten, die geringe Teile dieser Werke entziffern und übersetzen konnten. In den wenigen Texten, die übersetzt wurden, wimmelt es nur so von »himmlischen Göttern« und von »Perlen am Himmel«. Aber was besagt das schon? Bisher wurde erst *ein* Prozent entziffert und übersetzt. Was steht noch darin? Was könnten wir noch über unsere Urvergangenheit erfahren?
Ach, mein Herr, Ihre Frage nach echten alten Büchern könnte einen trübsinnig machen!

*

107 Letztes Jahr besuchte ich mit meinem Vater Cuzco und die Inkafestung Sacsayhuaman. Die Felsverglasungen, von denen Sie schreiben, haben wir nicht gesehen. Mein Vater meint, die gäbe es wohl nur in Ihrer Phantasie.
Lieber Freund, sagen Sie Ihrem Vater, daß es diese Felsverglasungen gibt! In meinen beiden ersten Büchern – schaun Sie nach! – erwähnte ich sie *nicht* in Zusammenhang mit der Inkafestung Sacsayhuaman. Ausdrücklich betonte ich, daß diese Phänomene *oberhalb* der Festung an den Berghängen zu sehen sind! Fotos von diesen Steinverglasungen und Steinverarbeitungen veröffentlichte ich in »Meine Welt in Bildern«. Wenn man dort ist, muß man halt über den Schauplatz der Touristenattraktion ein Stückchen höher

hinaufkraxeln. Falls Sie wieder hinkommen, sehen Sie sich mal die Produkte meiner Phantasie genau an.

*

108 Mut haben Sie schon! Ganz im Gegensatz zur Archäologie interpretieren Sie Felsbilder aus der Zeit des ersten Auftretens der Menschen als Hinweise für den Besuch von Göttern. Nun geben Sie aber selbst zu, kein Archäologe zu sein, kritisieren aber im gleichen Moment die vernünftigen archäologischen Auslegungen! Wie bringen Sie das nur unter einen Hut? Wer hat recht?

Ist es nicht eine fatale Sache, in diesem Zusammenhang von »Recht« zu sprechen? Ich mag das eigentlich nicht, wer hat denn schon *recht?!* Wenn Sie aber von Recht sprechen, dann interpretiere ich mit demselben Recht, mit dem Wissenschaftler Felsmalereien anders interpretieren als ich. Schließlich waren *sie* ebensowenig dabei, als die alten Künstler pinselten oder ins Gestein kritzelten! Wir sind schon sehr, sehr brave Zeitgenossen: was die Sammelwissenschaft »annimmt« – sie *weiß* es ja auch nicht! – wird als der Weisheit letzter Schluß heruntergeschluckt. Kommt dann ein Außenseiter, der nicht gar so gläubig ist, und den die üblichen Interpretationen nicht so sehr überzeugen, und der hat dann auch noch die Frechheit, andere Deutungen anzubieten, dann möchte man ihn am liebsten gleich als Spinner in ein Irrenhaus einweisen! – Ich möchte Ihnen sagen, warum meiner Ansicht nach meine Deutungen eine ganze Menge für sich haben:

Am Ort X entdeckt ein Archäologe eine Felszeichnung... und deutet sie nach Schulmethode. Er bemerkt es kaum oder er ignoriert es – weil's nicht in den Kram paßt! – daß fast zur gleichen Zeit nahezu deckungsgleiche Motive über ungeheure Entfernungen hinweg an allen Ecken der Welt auftauchen.

Ich nehme solche Beobachtungen nicht einfach hin, ich frage mich: Wie ist es möglich, daß fast gleiche, mindestens aber verblüffend ähnliche Darstellungen gleichzeitig in Indien, Europa, Afrika, in Nord- und Südamerika und sonstwo noch auftauchen?!
Sehen Sie, hier kommt mir dann zugute, daß ich *kein* Facharchäologe bin. Dann würde ich nur voll Entzücken vor jeder Felszeichnung knien und die Kunst unserer frühen Vorfahren bewundern. Ich kenne mich in den Mythen der Völker aus, aus deren Vergangenheit die Felszeichnungen zu uns herüberragen. Sie stehen nicht als Solonummer für mich im Raum. Und ich habe festgestellt, daß erst Mythen *plus* Felszeichnungen ein Bild machen! Eine Deutung ergeben!
Nun lehnt die Archäologie es aber ab, die Entstehung von Mythen in prähistorische Zeiten zu verlegen. Zugegeben: mit einigen Ausnahmen. Ergibt sich aber zwischen mythischer Überlieferung und sichtbarem Bild eine unvereinbare, wirklichkeitsfremde Deutung, dann suche ich eben nach neuen Deutungen.
Meine Damen und Herren, ich möchte ganz einfach wissen, *wie* die Kommunikation der alten Künstler funktionierte. Wie haben sie sich verständigt, ähnliche Themen darzustellen? Ich glaube weder an Geister noch an psychologische Deutungen, die sich alle naselang ändern.
Wenn auf verschiedenen Kontinenten prähistorische Künstler den gleichen Spleen hatten und fliegende Männchen mit Heiligenscheinen malten, ihnen helmartige Gebilde oder Hörner auf die Köpfe setzten, die eher wie Antennen aussehen, dann hat das für mich einen praktischen, handfesten Grund: Sie haben alle dasselbe gesehen!

109 Es gibt auch Darstellungen von Wikingern, die Hörner tragen, auch von Alexander dem Großen. Sie wollen doch nicht im Ernst behaupten, die Wikinger-Hörner seien auch Abbildungen von Antennen?!

Mein Herr, für wie dumm halten Sie mich eigentlich? Wenn Sie nur eine geringe Bereitschaft aufbringen, meinen Überlegungen zu folgen, dann müssen Sie doch bemerken, daß ich nach dem *Ursprung,* nach dem *Anlaß* des Verhaltens der alten Künstler frage!
Weshalb trägt ein Herrscher eine Krone auf dem Haupt? Weshalb trägt der Papst die Mitra? Ein Psychologe klärte mich mal auf: Das käme daher, daß der Kopf besonders gefährdet für Angriffe aller Art wäre, er brauche deshalb einen besonderen Schutz, und deswegen seien die Köpfe der Führenden von alten Zeiten her mit solchen Aufbauten geschützt worden!
Da kann ich meinen ungeschützten Kopf nur schütteln! Konnten denn je Hörner den Kopf schützen? Nein, nein, die Hörner- und Kronensymbolik reicht viel, viel weiter zurück in die menschliche Vergangenheit, als man an Vorsorge gegen tückische Angriffe auf den Kopf noch nicht gedacht hat. Sie reicht dorthin, wo diese Symbolik erstmals und immer wieder auftauchte: in die frühe Kunst der Felsbilder. Unsere begabten prähistorischen Künstler zeichneten keine Männekens mit antennenartigen Aufsätzen auf dem Kopf, weil sie dabei an Hörner dachten und weil Hörner das werte Haupt schützen sollten! Sie zeichneten oder griffelten sie, weil ihnen bei den Göttern diese besonderen Attribute aufgefallen waren! Sie waren keine abstrakten, sie waren realistische Künstler! Abstrakte Malerei ist die Kunstform einer hochentwickelten Kultur.
Aber, dies muß ich noch sagen: Gäbe es hörnergeschmückte Häupter und Figuren mit helmartigen Gebilden nur an *einem* Ort auf der Welt, ich würde kein Wort darüber verlieren – doch: Es gibt sie mit ähnlichem Design fast zur gleichen Zeit an vielen, vielen Orten auf dem Globus. Ich bin nicht blind und auch nicht dumm genug, *das* übersehen zu können... und zu wollen!

110 Wenn Ihre Interpretation stimmt, müßte es doch aus frühester Zeit auch figürliche Darstellungen von Behelmten und Gehörnten geben. Ich kenne so was nicht.

Das ist Ihre Schuld, beziehungsweise Ihre Unterlassung, mein Herr! Sie haben offensichtlich meine Bücher »Meine Welt in Bildern« und »Beweise« nicht gesehen! Aus einer Vielzahl figürlicher Darstellungen von Vorvorderen im Astronautenlook habe ich da einige Dutzend abgebildet. Ich erwähne hier nur die japanischen Dogu-Figuren, die Katchina-Puppen der Hopi-Indianer aus Arizona oder die präinkaischen Stein- und Metallskulpturen. In diesen Komplex gehören natürlich auch die Götterdarstellungen auf Töpfereien und Webearbeiten unserer alten Vorfahren. Sehen Sie, wenn Christen im Mittelalter eine Kathedrale errichteten, wußten sie, zu wessen Gottes Ehre sie das taten. Wenn Heiligenbilder entstanden, wußte man, welcher Heilige dargestellt werden sollte. Glauben Sie denn, daß die prähistorischen Künstler *anders* dachten, empfanden und handelten?

Da wird gesagt, ein drängendes Verlangen nach den »Göttern«, der unstillbare Wunsch, den »Göttern« zu gefallen oder die von den »Göttern« auferlegten Pflichten zu erfüllen, das alles zusammen wäre der Antrieb gewesen, die vielen wunderbaren Felszeichnungen zu schaffen, Figürchen zu kneten oder aus dem Stein zu hämmern und natürlich auch die gigantischen Bauten der Vorgeschichte und des frühen Altertums zu errichten.

Verlangen nach den Göttern! Damit bin ich einverstanden. Muß man da nicht fragen, nach *welchen* Göttern?

Auch das mit den von Göttern auferlegten Pflichten schmeckt mir nicht schlecht, habe aber sofort die Frage auf der Zunge: *Welche* Götter legten Pflichten auf?

Ja, und der unstillbare Wunsch, den Göttern zu gefallen, das paßt genau in mein Konzept – sofern man mir sagt: *Welchen* Göttern wollte man gefallen?

Diese die Menschheit derart besitzenden, erfassenden Götter müssen eine erstaunliche Ausstrahlung gehabt haben, sie müssen unauslöschliche Eindrücke hinterlassen haben. Götter als reine Phantasiegestalten hätten sich weder so lange im Bewußtsein gehalten noch hätten sie einen derart konformen figürlichen Eindruck hinterlassen. Phantasiegötter hätte man ganz rasch wieder vergessen. Nicht ohne Grund binden alle großen Religionen ihre Glaubenswelt an die Existenz einer zentralen Gestalt, die einmal gelebt hat, gelebt haben soll, die unter den Menschen wandelte und lebte. Geistgötter machen keinen Eindruck.
Deshalb, genau deshalb vertrete ich die Ansicht, daß die Götter, von denen *ich* spreche, reale Wesen waren, Wesen, die zudem derart klug und außergewöhnlich waren, daß sie einen ungeheuren Eindruck auf unsere Vorfahren gemacht haben. Dieser Eindruck war nicht mehr auszulöschen, und deshalb fand er so früh seinen bildnerischen Niederschlag.

111 Herr von Däniken, hier liegt ja Ihr Denkfehler! Sie tun so, als wenn die Götter wesenhafte Gestalten gewesen wären, aber das waren sie erwiesenermaßen nicht. Götter waren Phantasiegebilde der frühen Menschheit, die mit irgendwelchen Erscheinungen nicht fertig wurde. Da gab es den Blitz, der vom Donner begleitet ist, da gab es Vulkanausbrüche, die für die Primitiven unbegreiflich waren, da erzitterte die Erde durch gewaltige Beben, auch ein Ereignis, das unsere Vorfahren nicht fassen konnten. Da waren Lichter am Himmel, die man nicht greifen konnte, und die trotzdem das Leben begleiteten. Vor diesem ganz natürlichen Hintergrund sind doch die Göttermythen entstanden. Da sind weder Außerirdische noch ist sonst ein Hokuspokus im Spiel. Das sollten Sie endlich begreifen!
Sie sagten eingangs, daß es längst erwiesen wäre, daß die Götter nichts als Phantasiegebilde für Naturvorgänge gewe-

sen wären, die die Menschen begleitet haben. Ihre durchaus achtbare Meinung kommt aus der alten Schule, sie ist – mindestens für mich! – längst überholt. Wer bestreitet denn, daß es *auch* Naturgötter gab? Die gibt es bei Naturvölkern heute noch, aber da handelt es sich doch nicht um *die* Götter, von denen ich spreche! Wenn Ihre Auffassung richtig wäre, dann müßte es ja in der prähistorischen Kunst Darstellungen geben, für die diese Götter gestanden haben. Aber, mein verehrter Herr, ich habe weder in der einschlägigen Literatur noch vor Ort Darstellungen von Gewittern, von Vulkanausbrüchen oder von Erdbeben gesehen! Moment, mein Herr, ich weiß, was Sie sagen wollen! Sie meinen, diese Götter wären personifiziert worden, nicht wahr? Aber: Auch das kann nicht stimmen!

Glauben Sie denn, daß diese Naturgötter sich mit den Menschen verständigt, mit ihnen unterhalten haben? Glauben Sie denn, daß diese personifizierten Phantasiegestalten den Menschen technische und praktische Anweisungen fürs Alltagsleben haben geben können? Mit Blitz, Donner und Erdbeben *konnten* körperlose Götterwesen den damaligen Menschen *nicht* mitteilen, daß Zweidrittel der Erdoberfläche von Wasser bedeckt ist, während nur auf einem Drittel Mensch und Vieh einhertrotten! Das aber steht im Awesta, dem heiligen Buch der Parsen. Naturgötter Ihrer Vorstellung haben wohl kaum unsere Vorfahren vor der Übertragung bakterieller Krankheiten warnen können, wie das bei Mose und auch im Awesta als Götteranweisung zu lesen ist. Geistgötter hätten kaum einige unserer Vorfahren ins Weltall entführen können, wie das eindrücklich im babylonischen Etana-Epos geschildert wird. Ja, glauben Sie denn wirklich, daß Naturgötter auf irgendeine mysteriöse Weise den Dogon-Negern genaue Kenntnisse vom Siriussystem und von Sirius B hätten geben können? Genau das aber ist der Fall, das ist wissenschaftlich sehr gründlich belegt.

Es ist doch einfach nicht zu übersehen, daß alle großen Menschheitsüberlieferungen mit der Erschaffung der Erde, der Tiere und Menschen beginnen. Und in jedem, aber auch in jedem Fall waren menschenähnliche Götter die Urschöpfer, wie auch stets und immer wieder versichert wird, daß die Götter den Menschen »nach ihrem Ebenbild« schufen! Ich bin überzeugt, selbst der Dümmste der damaligen Zeit hätte bemerkt, daß sein Körper mit den beobachteten Naturereignissen nichts zu tun hatte. Wohl aber empfand er sich, wie es in Mythen, Legenden und Religionen gesagt wird, als nach dem Ebenbild der Götter geschaffen.

112 Sie behaupten frischfröhlich, der Gott des Alten Testaments sei auch ein Außerirdischer gewesen. Das geht mir einfach zu weit! Bei den Gottesschilderungen, mit denen wir es im Alten Testament in Zusammenhang mit Feuer, Beben, Rauch und ähnlichen Erscheinungen zu tun haben, handelt es sich einfach um Ideogramme. Ich hoffe, Sie wissen, was ein Ideogramm ist!

Ach, mein Herr, tun Sie doch nicht so gescheit. Natürlich weiß ich, was ein Ideogramm ist, aber es ist keine Schande, wenn andere im Saal diesen Begriff nicht kennen. Verzeihen Sie mir, wenn ich aufbrause, aber ich kann nun mal geistige Überheblichkeit nicht ertragen! Deshalb für die, die es nicht wissen: Ideogramm kommt vom griechischen »eidos«, und das bedeutet Gestalt oder Begriff. Fachleute verwenden dieses Wort für die bildliche Darstellung eines Gedankenkomplexes in Bilderschrift.

Nun zu Ihrer Behauptung!

Ich habe große Ehrfurcht vor dem, was wir als Gott bezeichnen. Und gerade diese Ehrfurcht vor einem allmächtigen, zeitlosen Schöpfungswesen *zwingt* mich, die im Alten Testament geschilderte Gottesgestalt als außerirdisches Wesen einzustufen. Der alttestamentarische Gott wird

nämlich *nicht* als unfehlbar und nicht als zeitlos und allmächtig geschildert! Dieser Gott macht laufend Fehler, er bereut seine Taten, ist oft neidisch und eifersüchtig, er vernichtet Schuldige und Unschuldige in einem Atemzug, und er macht nicht selten Versprechungen, die er nicht einhält. Macht es denn nicht stutzig, daß der alttestamentarische Gott nicht in der Lage ist, sich selbst zu schützen?
Hören Sie zu: im 2. Buch Mose... Moment, ich habe die Stelle gleich... hier: in Kapitel 19, Vers 24 heißt es:

> »...Das Volk kann nicht auf den Berg Sinai steigen, denn du hast uns bezeugt und gesagt: *Mache ein Gehege um den Berg.* Du und Aron sollen hinaufsteigen... aber die Priester und das Volk sollen nicht herbeibrechen... daß ich sie nicht zerschmettere...«

Eindeutig bekam Mose hier den Auftrag, einen Zaun um den Berg herum zu ziehen, damit das Volk nicht herantreten konnte. Hätte sich ein allmächtiger Gott denn nicht selbst schützen können? Er konnte es offenbar genausowenig, wie er die Unschuldigen schützen konnte, die zu nahe an sein Raumschiff herantreten würden.
In meinen Büchern habe ich unzählige solcher Passagen dokumentiert, die mir sagen: *Dieser* Gott, der im Alten Testament beschrieben wird, kann nicht jener Allmächtige sein, den *ich* mir unter »Gott« vorstelle.

*

113 In einem Ihrer Bücher schreiben Sie von einer sehr alten elektrischen Batterie, die angeblich in irgendeinem arabischen Museum stehen soll. In Wirklichkeit gibt es diese Batterie nicht! Pieter Coll schreibt nämlich in seinem Buch »Geschäfte mit der Phantasie«, daß ein Archäologe sich um die

Batterie bemühte, von dem Museum aber eine abschlägige Antwort bekam.

Wir sind uns wohl darin einig, daß man eine Sache, die es nicht gibt, nicht fotografieren kann! Die galvanische Batterie, meine Damen und Herren, von der hier die Rede ist, zeigte ich in meinem Buch »Meine Welt in Bildern« (Seite 174). Für meinen Film »Erinnerungen an die Zukunft« war ein Kamerateam im Irakischen Museum in Bagdad und filmte die Batterie von allen Seiten. Man bekam sogar die Erlaubnis, damit zu hantieren. Es gibt die Batterie! Ich weiß nicht, in welchem Museum der ehrenwerte Archäologe angefragt hat. Tatsache ist, daß das Irakische Museum am 1. 12. 1972 hochoffiziell den Fund bestätigt hat. Er wurde, östlich von Bagdad, im Gebiet von Khiut Robboua gemacht. Die Batterie wird in die Zeit um 227 bis 126 vor Christus datiert. Da mir die gleiche Frage unter Bezug auf den Autor Coll schon einige Male gestellt wurde, prägte ich mir den Schlußsatz des amtlichen Kommuniqués ein. Er heißt: »Die Batterie wird im Irak-Museum ausgestellt. Sie gilt als die älteste Trockenbatterie, die bisher gefunden wurde.« – Herr Coll hätte mich fragen sollen. Ich hätte ihm gern geholfen, daß seine Recherchen hieb- und stichfest sind.

*

114 Sie werfen Archäologen und anderen Wissenschaftlern vor, sie liefen mit Scheuklappen herum. In Wirklichkeit tragen doch Sie Scheuklappen! Alles und jedes, was Ihnen unter die Augen kommt, funktionieren Sie in Weltraumgötter um! Sie sind betriebsblinder als jeder Wissenschaftler!

Und wo ist Ihre Frage?

115 Geben Sie wenigstens zu, daß Sie Scheuklappen tragen?

Solange ich bereit bin, jede nur denkbare Möglichkeit zu prüfen, solange ich eigene Irrwege erkenne, solange trage ich keine Scheuklappen! Die, denen ich vorwerfe, Scheuklappen zu tragen, die sind nämlich nicht bereit, meine Hypothesen auch nur zu überdenken.

Außerdem irren Sie sich gewaltig, wenn Sie mir unterstellen, ich würde alles und jedes, was mir unter die Augen kommt, stur aus meinem Blickwinkel betrachten! Allerdings kann sich diese Vermutung einschleichen, weil ich in meinen Büchern nur das präsentiere, was nach gründlichen Forschungen meine Theorie unterstützt. Das sind dann immer Fakten, von denen ich aus guten Gründen annehmen kann, daß sie brauchbare Indizien für meine Betrachtungen abgeben. Ich rede und schreibe nicht von den vielen Fehlanzeigen, die mir bei meiner Arbeit über den Weg laufen. Unzählige Male stand ich vor Objekten, die man mir zeigte in der Annahme: Das interessiert bestimmt den Däniken! Aber: Wenn ich nichts Brauchbares entdecken konnte, dann hakte ich schnell diese ergebnislosen Erkundungen ab. Manche teure Reise endete mit total negativen Resultaten. Davon erfährt man natürlich in meinen Büchern nichts. Oder möchten Sie, daß ich Sie in meinem nächsten Buch mit Berichten über ergebnislose Recherchen langweile? Mit Schilderungen all der vielen Orte, an denen ich war, ohne eine Ernte mit nach Haus zu bringen? Nein, ich kämpfe für meine Ideen selbstverständlich mit Resultaten, von denen ich im tiefsten Innern überzeugt bin!

*

116 Wie lange halten Sie sich im Durchschnitt an den archäologischen Orten auf, die Sie interessieren? Wie lange waren Sie auf der Ebene von Nazca und auf der Osterinsel?

Von einer durchschnittlichen Aufenthaltsdauer kann man nicht sprechen. Das hängt immer vom jeweiligen Ort ab, aber auch von der Vorbereitung, von der Vorbereitungsmöglichkeit ab, wie lange man irgendwo bleibt. Ich mache mich ja nicht aufs Geratewohl auf die Achse! Vor Antritt einer Reise habe ich mich gründlich vorbereitet, durch die einschlägige Literatur, durch Befragen von Ortskundigen, oft bin ich durch Korrespondenzen mit Einheimischen bestens informiert. Und schließlich suche ich in fremden Ländern sofort Kontakt mit Ortskundigen.
In Nazca war ich mehrmals, das erste Mal 1966, und da blieb ich gleich zwei Wochen dort. Auf der Osterinsel war ich zweimal, insgesamt rund drei Wochen.

117 Nehmen Sie selbst Grabungen vor?
Nein, das ist in allen Ländern gesetzlich verboten, selbst in der Schweiz könnte ich nicht anfangen, ohne Bewilligung einen Graben zu ziehen. Und in fernen Ländern sind Regelungen und Bestimmungen für Ausländer noch weit komplizierter und vertrackter als zu Haus. Vor allem die Länder, die archäologisch besonders interessant sind, haben sich mit Gesetzen vor Plündereien geschützt und hinter Vorschriften verbarrikadiert. Wenn schon irgendwo gegraben werden darf, dann nur nach langen Genehmigungsverfahren und selbstverständlich immer nur unter einheimischer Leitung. Nehmen wir aber mal an, ich würde mich siegreich durch den Behördenkrieg schlagen und Grabungsbewilligungen bekommen – ja, was denken Sie denn, was da für ein Aufwand nötig ist, was das kostet! Das kann ein Privatmann wie ich nicht aufbringen! Ich würde nicht so inständig um die Mithilfe der Archäologen werben, wenn es einfach und preiswert alleine zu machen wäre...

118 Robert Charroux schrieb, daß er 1970 oder 1971 in der Bucht von Pisco war und daß er mit seiner Begleitung wohl die ersten Menschen gewesen seien, die in diesem Jahrhundert den Fuß auf den »Kandelaber der Anden« gesetzt hätten. Sie schreiben aber bereits in »Erinnerungen an die Zukunft«, daß Sie 1966 dort gewesen wären. Wer von Ihnen beiden hat nun recht?

Ich war mehrmals in der Bucht von Pisco, das erste Mal, das war 1966. Damals war Hans Neuner mein Reisebegleiter. Wir erreichten die Bucht mit einem Boot, weil kein Geländefahrzeug aufzutreiben war. Der Fischer, der uns rausfuhr, wollte über den spitzen Felsen sein Boot nicht gefährden, er fuhr uns nicht bis zur Küste. Die letzte Strecke mußten wir schwimmend zurücklegen und dann die abfallende Küste hinaufklimmen.

Wenn Charroux meint, daß er mit seiner Gruppe die ersten Menschen gewesen seien, die in diesem Jahrhundert den Kandelaber erklommen hätten, dann irrt er sich, oder er übertreibt. Nur etwa 20 km vom Kandelaber entfernt, liegt nämlich das Hotel »Paracas«, und von dort her starten fast täglich Bootsfahrten zum Kandelaber, und dieses Touristenvergnügen findet schon seit mehr als einem Jahrzehnt statt.

»Wir haben hier ein Manuskript vorliegen, das leider Ihre Theorie nicht bestätigt, Herr von Däniken!«

(Peter Neugebauer – Börsenblatt)

III

Foto: Erich von Däniken

119 Sie bauen so ziemlich alles, was nicht niet- und nagelfest ist in Ihre Theorien ein. Okay. Aber, weshalb nehmen Sie auch Höhlensysteme in Anspruch! Was haben Höhlen mit Außerirdischen zu tun?

In »Aussaat und Kosmos« habe ich spekuliert, eine außerirdische Rasse könnte auf der Flucht gewesen sein. Und ich spekulierte, daß es vielleicht einen Raumkrieg zwischen zwei Sonnensystemen gegeben hat und daß sich einige Überlebende der Verliererpartei abgesetzt haben. Diese Spekulation von einem »Sternenkrieg« ist keine reine Spekulation von mir, in alten Mythologien gibt es sehr viele Hinweise auf einen solchen Krieg! Am bekanntesten ist wohl die Schilderung von Luzifer und seinen Heerscharen, die gegen die Erzengel Gabriel kämpften, und die schließlich von Gabriels »Flammenschwert« abgedrängt – nicht

vernichtet! – wurden. Wenn man in kosmischen Dimensionen denkt, dann verlieren Kriege die Begrenzungen von Ländern oder Kontinenten!
Hätte also eine versprengte Verlierergruppe den Planeten Erde erreicht, dann hätten diese Kameraden von anderen Sternen doch damit rechnen müssen, daß die Sieger sie suchen und vernichten wollen. Mit Ortungsgeräten, von denen wir heute nur träumen können! Wir suchen mit den uns zur Verfügung stehenden, vergleichsweise primitiven Ortungsgeräten mittels Satelliten ja auch bereits Infrarotquellen, radioaktive Strahlungsquellen und vieles andere mehr im Weltall! Die paar Überlebenden hätten also gut darangetan, sich vorerst mal in Höhlen einzubuddeln und zu verkriechen, damit nichts ihre Anwesenheit verrät.
Der zweite Grund, weswegen ich Höhlen in meine Spekulation miteinbeziehe: Die Götter selbst können künstliche Höhlen angelegt haben! Warum? Na, das ist doch klar! Um darin ihre technischen Schätze aufzubewahren und – vielleicht – um dort Mitteilungen für eine ferne Zukunft zu deponieren.

120 Das ist doch Unsinn! Weshalb soll jemand gewaltige Kavernen erstellen? Und mit welchen technischen Hilfsmitteln?!
So unsinnig ist das gar nicht! Ich bin Schweizer, und ich weiß, daß unsere Armee eine Reihe von Gebirgen buchstäblich durchlöchert hat. In diesen Kavernen gibt es nicht nur Munitiondepots, sondern auch Spitäler, Kantinen, Schlafsäle und so weiter, alle diese Tunnels sind untereinander verbunden. Auch der Befehlsbunker der obersten amerikanischen Führung liegt – für den Kriegsfall – tief unter den Rocky Mountains!
Wenn also in einigen tausend Jahren die dann lebenden Archäologen die durchlöcherten Schweizer Berge entdecken,

werden sie auch wohl sagen: Alles auf natürliche Weise entstanden! Weshalb sollten hier denn irgendwelche Generationen früher hier Tunnels und riesige Hallen angelegt haben? Und mit welchen technischen Mitteln?
Nun, wir *haben* es getan! Mit den technischen Mitteln, die uns heute zur Verfügung stehen.
Schon vor vielen Jahren forderte Mao Tse-tung die Chinesen auf, Gänge und unterirdische Tunnels zu graben und dort große Nahrungsreserven anzulegen. Warum? Nur aus Furcht einer Entdeckung »von oben« her! Für den Fall eines Luft- oder Atomkrieges.
Übrigens: Sie können ganze unterirdische Städte ja mal besichtigen! Die liegen doch fast vor Ihrer Haustür! Fahren Sie in die Türkei, und sehen Sie sich die unterirdischen Anlagen bei Derinkuyu an! Dreizehn Stockwerke tief geht es unter die Erde, und die Stockwerke sind nach nebenan miteinander verbunden, es gibt Gänge und Hallen. Niemand weiß bis heute, wer die Unbekannten gewesen sind, die diese Städte angelegt haben. Aber: sie sind da!

*

121 Ich muß noch mal auf die Höhlen zurückkommen. Mir ist eben eingefallen, daß Herr Juan Moricz rundheraus gesagt hat, daß er nie mit Ihnen in den Höhlen gewesen ist. Sie werden wieder mit dem Haupteingang und mit dem Nebeneingang kommen. Was stimmt denn wirklich? Lügt Moricz?
Ich traue den Meldungen nicht. Aber: Wenn Juan Moricz tatsächlich gesagt haben sollte, er wäre nie mit mir in einen Seiteneingang des Höhlensystems eingestiegen, dann allerdings lügt *er*! Doch glaube ich, heute die Hintergründe seines zwielichtigen Verhaltens zu kennen.
1971 hatten wir abgesprochen, was ich in »Aussaat und Kosmos« über das Höhlensystem veröffentlichen dürfte.

Nicht veröffentlichen durfte ich die geographische Lage sowohl des Haupt- wie des Nebeneingangs. Was den Haupteingang betrifft, finden Sie in meinem Buch ein großes geographisches Dreieck, in dem er liegt, doch kein Mensch kann sich anhand dieser Skizze dort heranpirschen. Und über den Nebeneingang sprach ich erst gar nicht!
Dann passierte es. Als das Buch erschien, gab es in Ekuador einen Riesenwirbel. Rechtsanwalt Dr. Pena schickte mir ein Dokument, von dessen Existenz ich vorher nichts wußte. In diesem Dokument hatten sich alle Teilnehmer der Expedition von 1969 durch Unterschrift verpflichtet, über *alle* Details zu schweigen, die ihnen während der Expedition bekannt geworden waren. Ich habe das Dokument in meiner Diskussionsmappe, ich lese Ihnen gern die entscheidende Passage vor, Sie können sich, wenn Sie wollen, eine Kopie davon machen, Sie können mir auch schreiben, ich schicke Ihnen dann eine zu. Gratis und franko. Da heißt es also:

> »Die unterzeichnenden Teilnehmer der Expedition Juan Moricz von 1969 erklären hiermit, daß sie über diese Expedition keinerlei Auskünfte geben werden an Zeitungen, Zeitschriften, Radio, Fernsehen oder andere Medien. Sie erklären, daß sie keinerlei Bilder, die in Zusammenhang mit der Expedition gemacht wurden, veröffentlichen werden, daß sie nichts sagen oder veröffentlichen werden über die Höhleneingänge, über die wertvollen Gegenstände, die im Innern des Tunnels existieren, nichts über den geographischen Ort sowie über die Theorien dieser Expedition ...«

Alle Teilnehmer haben 1969 dieses Dokument handschriftlich unterzeichnet. Der Eklat kam, als mein Buch erschien! Es brachte die mir von Moricz übergebenen Fotos, ich berichtete, was sich in den Tunnels befindet. Die Expeditionsteilnehmer protestierten! Sie selbst hätten sich an die Vereinbarung gehalten, sie wären nunmehr durch meine Publikation übervorteilt. Ich bin sicher, daß jeder Teilnehmer davon überzeugt war, er hätte ein Vermögen machen können, wenn er selbst über die Höhlen geschrieben hätte! Plötzlich mußte Moricz sich gegen seine Expeditionsteilnehmer wehren. Und da kam er wohl auf die gloriose Idee, zu behaupten, das wären ja alles nur Erfindungen von mir, und ich wäre niemals dort unten gewesen ...

122 Und?! Das ist ja auch eine Erfindung von Ihnen!!
Ist es nicht! Unterstellen wir mal – wenn es auch nicht den Tatsachen entspricht! –, unterstellen wir, ich wäre nicht mit Moricz eingestiegen. Dann bleibt doch zu klären, ob die von mir beschriebene Metallbibliothek, die er – wie ich Zeitungen entnahm – angeblich auch bestreitet, nun existiert oder nicht. Moricz widerspricht sich selbst – um das grobe Wort: belügt sich selbst zu vermeiden.
Der Höhlenentdecker Moricz selbst hinterlegte am 21. Juli 1969 beim Notar Dr. Gustavo Falconi in Guayaquil eine Urkunde. Bitte, hier ist die Urkunde. Auch davon können Sie gern eine Kopie haben! In dieser Urkunde heißt es wörtlich, und ich zitiere:

> »In den Höhlen befinden sich... eingravierte Metallblätter und Zeichen einer ideographischen Schrift, eine echte Metallbibliothek...« – Zitatende!

Man komme mir also nicht mit der Masche, meine Phantasie sei mit mir durchgegangen! Warum, und dazu habe ich *nichts* gelesen, warum eigentlich fragen meine Kritiker nicht Juan Moricz selbst?! Schließlich gab ich, genau für diesen Fall gemeint, im Buch die komplette Adresse des Rechtsanwalts Peña, über den Moricz immer zu erreichen ist, an.

123 Ob es Ihnen gefällt oder nicht – ich bohre weiter! Wissen Sie, ich bin gut informiert, weil ich mal ein Anhänger Ihrer Theorie war, bis Sie mit dieser Geschichte bloßgestellt wurden. Also: Ich las, daß Neil Armstrong an einer Expedition teilnahm, die Ihren Spuren folgte. In die angeblichen Höhlen. Aber gefunden hat man nichts! Gar nichts!

Eigentlich bin ich Ihnen recht dankbar, daß Sie, so gut informiert, diese Geschichte bis auf den Grund ermitteln wollen! Wenn ich nicht gefragt werde, kann ich das Thema ja auch nicht aus dem Hut zaubern!

Zum Fall Neil Armstrong, dem ersten Mann auf dem Mond! Durch die Lektüre meiner Schilderungen in »Aussaat und Kosmos« angeregt, entschloß sich der schottische Hobby-Archäologe Stanley Hall, eine Expedition in die Höhlen in Ekuador zu organisieren. Hall hat Erfahrungen mit Höhlen, er nahm an mehreren Begehungen teil. Zwischenzeitlich habe ich erfahren, daß Hall sich mit der Bitte um Unterstützung an die Herren Moricz und Peña gewandt hat. Die wirklichen Gründe seiner Absage kann ich nicht vortragen. Mal las ich, die Forderungen von Moricz fürs Mitmachen wären zu hoch gewesen. Möglich. Ich weiß es nicht. *Denken* kann ich mir, daß Moricz absagte, weil man ihm nicht die Leitung der Expedition angetragen hat. Bei seiner Suche nach Hilfe erfuhr Hall schließlich die Unterstützung von Regierungsstellen in Ekuador. 1976 wurde die Expedition durchgeführt. Hall lud Neil Armstrong ein. Der erste Mann auf dem Mond garantierte natürlich eine weltweite Publicity.

Wie ich es beschrieben habe, fand die Expedition kilometerlange Gänge und riesige Hallen. Sie fand auch verschiedene archäologische Kostbarkeiten wie Figürchen und mit Zeichen geritzte Steine. Was sie nicht fand, das war die Metallbibliothek!

Und das, meine Herrschaften, wundert mich überhaupt nicht! Wenn man ohne Juan Moricz, den Höhlenentdecker,

einsteigt, wird man bei den labyrinthischen Gängen sehr bald am total falschen Ort landen!
Verblüfft, ja enttäuscht war ich von der Art der Verwertung dieser Expedition in gewissen illustrierten Zeitungen. Die Welt ist bunt, und bunt ist auch eine Illustrierte! Es gab Schlagzeilen wie: Däniken entlarvt! Oder: Dänikens Höhlen sind leer! Oder so freundliche Formulierungen wie: Der Scharlatan blamiert sich! Und die Berichte bezogen sich auch auf Aussagen von Neil Armstrong. Ich wollte es nun genau wissen.
Am 18. Februar 1977 schrieb ich Herrn Armstrong. Am 24. Februar antwortete er mir. Ich zitiere aus seinem Brief, auch ein Dokument, das ich gern jedem Interessenten zur Verfügung stelle. Ich zitiere aus Armstrongs Brief:

> »Ich besuchte das Expeditionsgebiet anfangs August des letzten Sommers. Ich hatte Ihre Bücher nicht gelesen und wußte nichts von irgendwelchen Verbindungen, die Sie mit diesen Höhlen haben. Ich habe keinerlei Kommentare bezüglich Ihrer Hypothesen in diesem Zusammenhang abgegeben.
> Es ist mir zugetragen worden, daß verschiedene Artikel in Deutschland und Argentinien verbreitet worden sind, die über die Expedition in Zusammenhang mit Ihren Theorien sprechen. Bilder sind veröffentlicht worden, die mich an Ort und Stelle zeigen. Ich bin von niemandem irgendeines Publikationsorgans befragt worden.« – Zitatende.

Neil Armstrong, den man vorschob, um mich publizistisch zu entlarven, weiß also nicht einmal, wozu sein Name in der Presse mißbraucht wurde!

124 Warum regen Sie sich auf?! Sie selbst haben dem SPIEGEL doch gestanden, daß Sie nicht in den Höhlen gewesen sind! Warum beharren Sie darauf, daß Sie doch dort gewesen sind? Geben Sie doch endlich zu, daß die Phantasie mit Ihnen durchging.
Die Aussage, die Sie mir unterstellen, habe ich nie gemacht, auch nicht dem SPIEGEL gegenüber! Der SPIEGEL hat derartiges auch nicht gedruckt! Natürlich weiß ich, daß der SPIEGEL vielfach so zitiert wird, besonders im angelsächsischen Raum. Falschmeldungen werden nicht dadurch wahr, daß man sie wiederholt.

125 Das ist doch die Höhe! Sie haben bestimmt die Titelgeschichte des SPIEGELs gelesen: »Der Däniken-Schwindel«, oder?!
Na, hören Sie mal! Selbstverständlich habe ich die gelesen. Aber da steht keine Aussage von mir drin, ich wäre nicht in dieser ekuadorianischen Höhle gewesen!

126 So kommen wir nicht weiter! Wenn es diese Metallbibliothek gibt, warum sind Sie dann nicht längst hingereist, haben ein paar Fotografen mitgenommen und mit deren Bildern Ihre Kritiker widerlegt?!
Das würde ich sehr gern tun, aber ich kann es nicht. Seit meiner 12-Seiten-Veröffentlichung über die Höhlen habe ich in Ekuador eine Menge Gegner. Ich bin nicht lebensmüde.

127 Wenn Sie keine Expedition hinführen wollen, müssen Sie sich den Vorwurf gefallen lassen, daß Sie geschwindelt haben. Wie soll diese dubiose Geschichte aufgeklärt werden, wenn Sie Ihre Hilfe versagen?
Der geradeste Weg in die Höhlen führt über den Entdecker der Metallbibliothek Juan Moricz. Sonst gibt es nur den

Weg einer zufälligen Entdeckung. Da ich mir der Schwierigkeit bewußt war, über oder mit Moricz in die Höhlen zu kommen, habe ich in »Aussaat und Kosmos« den Forschern den zweiten Weg vorgeschlagen. Wenn man eine sorgfältige Strategie entwickelt, wird man hineinkommen.

128 Bleiben wir bei Höhlen! Ich las das Buch »Die Chronik von Akakor« von Karl Brugger. Angeblich existieren in den geschilderten indianischen Höhlen auch technische Hinterlassenschaften von Außerirdischen. Meine Fragen: Kennen Sie das Buch? Kennen Sie den Autor? Gibt es die unterirdische Stadt Akakor?
Natürlich kenne ich das Buch! Ich habe es mir zur Pflicht gemacht, alles zu lesen, was auch nur von ferne mein Thema berührt. Ich habe auch den Autor Karl Brugger kennengelernt. Er arbeitet seit Jahren als Auslandskorrespondent deutscher Rundfunkanstalten in Brasilien. Brugger ist studierter Soziologe, er macht einen vernünftigen, klugen und sehr modernen Eindruck. Er ist kein Phantast.
Was die in Bruggers Buch geschilderten unterirdischen Räume mit der angeblich dort gehorteten außerirdischen Technik angeht – ich weiß nicht, ob sie existiert. Mit Sicherheit aber weiß ich, daß der Stammesfürst Tatunca Nara dem Autor Brugger seine Angaben auf Tonband gesprochen hat. *Vor* der Veröffentlichung hat Brugger eigene journalistische Recherchen angestellt und dann Tatuncas Aussagen und seine *eigenen* Ermittlungen in »Die Chronik von Akakor« niedergeschrieben.

129 Kürzlich gab es eine Meldung, daß Sie selbst eine Expedition in das Gebiet dieses Indianerstammes durchgeführt haben. Was kam dabei raus?
O mein Herr, das ist eine lange Geschichte, aber wenn Sie sie hören wollen ..., bitte. Ich erzähle alles hübsch der Reihe nach.

Vor zwei Jahren bekam ich – und das hatte nichts mit Bruggers Buch zu tun – Kontakt mit einem Herrn Ferdinand Schmid in Manaus. Dieser Herr Schmid war zeitlebens Pilot bei der SWISSAIR. Nach seiner Pensionierung übernahm er einen Auftrag, für das Rote Kreuz in Brasilien zu arbeiten. Dieser Auftrag führte ihn nach Manaus, und im Rahmen seiner Tätigkeit kam er oftmals mit Tatunca Nara zusammen. Tatunca erzählte Herrn Schmid haargenau dieselbe Geschichte von seinem Stamm, wie Brugger sie veröffentlichte.

Schmid und ich korrespondierten, und dann trafen wir uns in Zürich. Ich schlug eine Expedition ins Gebiet von Tatuncas Stamm vor, weil nur so der Wahrheitsgehalt seiner unglaublichen Story zu überprüfen wäre. Schmid flog nach Manaus zurück und übernahm als versierter Flieger die Planung der Expedition – in ständigem Kontakt mit Tatunca, der sich bereit erklärte, eine kleine Gruppe zu seinem Volk zu führen.

Es führt zu weit, hier alle komplizierten Details der Vorbereitungen zu schildern. Die Expedition wurde für die erste Juli-Hälfte (1977) vorgesehen, und sie sollte uns in zwei Helikoptern möglichst nahe ans Stammesgebiet heranbringen. Wir bekamen dafür die Bewilligung der brasilianischen Indianerschutzbehörde FUNAI. Führer der Expedition sollte Tatunca Nara sein, weil nur er weiß, wo die geheimnisvolle Stadt liegt.

Bei aller meiner Neugier wollte ich mich nicht blindlings in ein Abenteuer stürzen, für das ich mit einem hohen finanziellen Aufwand einstehen mußte. Nach eingehenden Gesprächen veranlaßte Ferdinand Schmid den Indianerhäuptling, zuerst allein zu seinem Stamm zu gehen, um dort einen überzeugenden Beweis zu holen, der quasi die Existenz technischer Geräte der von ihm geschilderten Art belegen sollte. Tatunca sollte Fotografien machen. Nach Kenntnis-

nahme dieser Beweisstücke sollte das Startsignal für die bis in die Einzelheiten vorbereitete Expedition gegeben werden.
Wir statteten Tatunca mit einer handlichen Kamera aus und dazu noch mit einem neuen Außenbordmotor für sein Boot. Ende März brach er in Manaus auf. Zwei Monate später sollte er zurück sein.
Wer nicht kam, war Tatunca. Nun nehmen Indianer es mit der Zeit nicht so genau, Verspätungen sind für sie nichts Außergewöhnliches. Es können auch die Witterungsbedingungen Verspätungen notwendig machen. Manchmal haben die Seitenarme des Rio Negro so wenig Wasser, daß man mit einem Motorboot nicht darauf fahren kann, man muß bis zum nächsten Regen warten.
Am 10. Juli flog ich nach Manaus. Tatunca war immer noch nicht eingetroffen. Nun hatte er schon eineinhalb Monate Verspätung. Ohne ihn wäre der Start der Expedition mit den Helikoptern sinnlos gewesen, aber die Firma, bei der wir die Helikopter disponiert hatten, konnte und wollte ihre teuren Vögel nicht ungenutzt herumstehen lassen. Sie verlangte, daß eine 4-Wochen-Frist, wie vereinbart, eingehalten würde. Vor dem Start! Hätten wir am 10. Juli grünes Licht für die Expedition gegeben, hätten wir vier Wochen später starten müssen. Als Tatunca Mitte Juli nicht aufgetaucht war, blies ich das Unternehmen ab.
Ich hatte den Rückflug nach Europa gebucht. Ausgerechnet am letzten Tag meines Dortseins kam Tatunca mit seinem Boot den Rio Negro herunter! Seine erste Frage war, ob wir Fotos erhalten hätten, die er vor zehn Tagen einem Händlerschiff für uns mitgegeben hatte. Wir hatten keine Fotos bekommen. Tatunca erzählte, daß er bei seinem Stamm in der Stadt »Akahim« gewesen wäre, und er bestätigte uns neuerlich seine Angaben über die technischen Hinterlassenschaften der Götter in jener Stadt.

Beweise aber hatte er nicht bei sich. Auf unsere Vorwürfe hin sagte er, er stünde auf seiten seines Volkes, nicht auf unserer Seite, und er könne keinen Verrat an seinem Volk üben und einen Gegenstand, den seine Leute als heilig verehrten, einfach mitnehmen, wir würden ja aus unseren Kirchen auch keine Gegenstände stehlen.
12 Stunden dauerte unser Gespräch, und ich weiß bis heute nicht, was ich von der ganzen Geschichte halten soll. Was er mir erzählte, war nicht unlogisch, auch nicht unmöglich – jedoch in höchstem Maße unwahrscheinlich! Tatunca spürte mein Mißtrauen und erklärte, er würde in der kommenden Nacht mit seinen Priestern sprechen …

130 Ich denke, sein Stamm ist weit weg, irgendwo im Dschungel, und Ihr Gespräch fand doch in Manaus statt. Wie konnte denn da der Indianer mit seinen Priestern sprechen?
Das habe ich ihn auch gefragt! Tatunca behauptete, daß Indianer sich medial verständigen könnten, wir würden sagen, auf telepathischer Ebene. Allerdings, so Tatunca, käme diese Verbindung nicht mit Worten und Sätzen zustande, sondern durch das intensive Denken in Gefühlen, aus Gedanken an Hunger, Liebe, Freundschaft, Haß, Glück, Krieg, Feindschaft und so weiter ließen sich Bilder übermitteln, die eine Verständigung brächten. Jeder Indianer würde von früher Kindheit an auf diese telepathische Verständigung getrimmt.

131 Und? Hat er mit seinen Priestern gesprochen?
Seiner Behauptung nach ja! Ich verschob meinen Rückflug um 24 Stunden.
Am nächsten Morgen tauchte Tatunca ganz selbstsicher auf und erzählte, er habe den Priestern klarmachen können, daß er nicht mit leeren Händen vor mir stehen könne, weil

der weiße Mann ihm nicht glaube. Die Priester hätten ihm nun die Erlaubnis gegeben, einen für mich überzeugenden Beweis zu holen. Er würde nochmals zu seinem Volk fahren, den Beweis holen, wieder nach Manaus kommen, und dann solle mich Herr Schmid sofort telefonisch verständigen.
Bisher ist Tatunca mit dem zugesagten Beweis nicht aufgetaucht. Ich warte.

132 Ich kann's mir nicht vorstellen, aber nehmen wir mal an, der Indianer würde irgendeinen Gegenstand mitbringen, von dem er behauptet, er wäre außerirdischer Herkunft. Was würden Sie dann tun?!
Ich weiß, was Sie jetzt erwarten! Sie sind offensichtlich so gut über mich informiert, daß Sie annehmen, der Kerl ist so spontan, daß er sich ins Flugzeug und dann in Helikopter setzt, um einer ganz und gar windigen Geschichte nachzuwetzen. Zugegeben, ich handle ab und zu spontan, aber dann muß es in meiner Magengrube kitzeln und mir signalisieren: Hin! Das ist was!
Nein, bisher empfinde ich keine solchen Signale. Was ich tun würde? Also, zunächst würde ich das Objekt von allen Seiten mit Stereokameras fotografieren, ich würde es unter meine Mikroskope legen. Ich würde zu meinen Freunden von der Wissenschaft gehen – ich habe das große Glück, faire und vorurteilslose Wissenschaftler als meine Freunde bezeichnen zu dürfen. Diese Herren würde ich um genaueste Analysen bitten. Das alles würde vertraulich geschehen, und wenn die Resultate ein negatives Urteil abgeben, dann würde ich jede weitere Aktivität einstellen. Kurz: Die Untersuchungen müßten den Beweis erbringen, daß das Objekt nicht-irdischer Herkunft ist oder sein kann. Und: Im positiven Fall würde ich das weitere Vorgehen mit den Wissenschaftlern absprechen. Ehe ich den Rio Negro überfliege

und in den Urwald eintauche, muß der Gegenstand zweifelsfrei als nicht-irdisch identifiziert sein. – Sie sehen, so spontan, wie Sie meinen, handle ich nicht!

133 Wo soll denn die geheimnisvolle Stadt Akahim liegen, zu der Tatunca Sie führen will?
Auf den Kilometer genau kann ich Ihnen das nicht sagen. Soweit ich es von Tatunca erfuhr und was ich aus der Helikopter-Planung, die immerhin ein versierter Kapitän der SWISSAIR machte, entnehme, handelt es sich um ein Gebiet an der brasilianisch-venezolanischen Grenze, und das ist etwa der Raum 220 km Luftlinie vom brasilianischen Örtchen Tomar entfernt, im Quellgebiet des Rio Padauiri. – Ich würde vorschlagen, daß wir damit dieses Thema abschließen.

*

»Sind Sie derjenige, der diesen Unsinn über uns geschrieben hat?« (Ufs Maltry – Nebelspalter)

»Seit Däniken ist es aus mit unserer himmlischen Ruhe!«
(Franz Neumann – Mainpost, Würzburg)

IV

Foto: OLS, Lauf

134 In ›Erinnerungen an die Zukunft‹ schrieben Sie, es gäbe in unserer Milchstraße rund 30 Milliarden Fixsterne. Inzwischen reden Sie von 200 Milliarden. Was stimmt?
Mindestens 200 Milliarden!

135 Wie kann man innerhalb weniger Jahre von 30 Milliarden auf 200 Milliarden Fixsterne kommen? Da stimmt doch was nicht!
Da stimmt alles! Als ich vor rund zehn Jahren die Zahlen für ›Erinnerungen an die Zukunft‹ auswertete, waren sie *damals* richtig. Inzwischen entwickelte die Astronomie neue Instrumente, das Blickfeld hat sich enorm vergrößert. Nicht nur durch optische Teleskope, sondern auch durch die Radioastronomie. Sie müssen sich nun aber nicht vorstellen, daß man die 200 Milliarden Fixsterne einzeln zählt! Nein,

man fotografiert einen Sektor der Milchstraße, ein sogenanntes ›Fenster‹, und in diesem Sektor zählt man die Sterne und rechnet sie hoch. Jedenfalls geht die Astronomie heute von mindestens 200 Milliarden Fixsternen allein in unserer Galaxis aus. Falls ich in einem künftigen Buch schreibe, es gäbe 300 Milliarden Fixsterne, dann wird auch diese Zahl dem jüngsten Stand der Forschung entsprechen. Sie sehen, die Technik macht auch auf diesem Gebiet rasante Fortschritte, und ich nehme in mein jeweils jüngstes Buch den jeweils jüngsten Stand der Forschung auf. Ich konnte 1967 nicht ahnen, was 1977 sein würde!

*

136 In unserer Galaxis gibt es über 200 Milliarden Fixsterne. Dabei ist unsere Milchstraße nur eine ganz kleine Sammlung von Sternen im Weltall, und fast jeden Tag wird eine neue Milchstraße entdeckt. Wie können Sie bei dieser Irrsinnszahl von Sonnensystemen unterstellen, daß Außerirdische ausgerechnet uns aufgesucht haben?

Ihre Frage ist sozusagen eine gute alte Bekannte von mir, und ich möchte mich für die Frage bedanken, denn ich ›liebe‹ sie. Ich nenne sie den »Ausgerechnet-wir«-Komplex. Ausgerechnet wir! Ausgerechnet ich!

Ein Mensch wird krank, sucht den Arzt auf und erfährt, daß er unheilbar krank ist. Ausgerechnet ich! sagt er sich. Und vergißt, daß in seiner Lage Millionen von Menschen auf der ganzen Welt sind. Der nicht sehr angenehme Nachbar gewinnt im Lotto eine Million. Ausgerechnet der! Unglück – ausgerechnet ich! Glück – ausgerechnet der!

Verehrter Herr, wir leiden alle unter dem »Ausgerechnet-wir«-Komplex! Woher nehmen Sie den Mut – oder, verzeihen Sie: die Arroganz – zu behaupten, daß ausgerechnet wir besucht worden sind?! *Ich* habe mich nie zu dieser Behauptung verstiegen. Zu einer Annahme gehört doch ein kleines bißchen an Voraussetzung. Haben Sie denn Kontakt mit einem anderen Sonnensystem oder gar mit anderen Galaxien? Wer weiß denn, was da weit draußen im All vor sich geht? Vor sich gegangen ist? Niemand weiß das. Deshalb ist die Larifari-Feststellung, »ausgerechnet wir« seien besucht worden, eine Feststellung, die nichts, gar nichts für sich hat. Sie geht wortwörtlich ins Leere. Die nächste Frage bitte ...

137 Moment, Moment! Vergessen wir also das ›ausgerechnet wir‹! Es geht ebensosehr um das ›ausgerechnet jetzt‹! Die Evolution auf der Erde bis zum fertigen Menschen dauerte einige Milliarden Jahre. So steht es in jedem entwicklungsgeschichtlichen Buch, das schreiben Sie auch. Und man liest auch, daß erst in den letzten Jahrzehntausenden der Mensch zum eigentlich intelligenten Wesen reifte. Nun kommen Sie, Herr von Däniken, und reden uns ein, ausgerechnet jetzt wären wir von fremden klugen Wesen besucht worden! Woher sollen denn die Fremden gewußt haben, daß jetzt der Mensch intelligent geworden war? Wenn Sie ehrlich sind, werden Sie zugeben, daß das eine reine Theorie ist!
Die letzte Frage vorweg beantwortet: Selbstverständlich ist das eine Theorie! Die Wissenschaft geht wie selbstverständlich mit Theorien und Hypothesen um, sie muß das auch tun, weil sie sonst über den Status quo ihres Wissens nie hinausgelangen würde. Ich tue nichts, als mir dieselbe Freiheit des Denkens zu nehmen.
Zu Ihrer Kernfrage: Die Frage ist klug ..., aber in ihr steckt der Wurm eines Denkfehlers. In meinem Sinne. Denn: Ich postuliere, daß der Mensch, als die Außerirdischen kamen, *nicht* intelligent war, sondern daß sie ihn erst durch eine gezielte künstliche Mutation intelligent machten!
Ihr Ansatzpunkt des ›ausgerechnet-jetzt‹ ist ein fiktiver Punkt auf einer fiktiven Linie. Nehmen Sie einmal an, vor

zehn Millionen Jahren wäre die Erde von Außerirdischen besucht worden, und zu diesem Zeitpunkt, der ja irgendwann mal *jetzt* gewesen ist, zu diesem Zeitpunkt hätten die Außerirdischen den Hominiden intelligent gemacht. *Damals* gefragt, hätte es gelautet: Weshalb haben sie uns ausgerechnet jetzt besucht? Meinetwegen können Sie das Ereignis auch in die Zukunft verlegen. Spekulieren Sie, wir würden erst in fünf Millionen Jahren der Zukunft besucht werden. Nun, wenn dem so wäre, würden wir heute Ihre Frage nicht diskutieren, nicht diskutieren können, weil wir dann allesamt noch unter den Affen auf den Bäumen klettern würden! Mit einer Phantasiereise in die ferne Zukunft würden Sie, wenn denn in Millionen Jahren das Ereignis einträte, den dann an meinem Mikrophon stehenden Erich von Däniken fragen: Warum werden wir ausgerechnet jetzt besucht? Wenn Sie Ihren ›ausgerechnet-jetzt‹-Punkt fixieren wollen, dann trifft er meines Erachtens immer mit der Intelligentwerdung des Menschen zusammen, wann immer in der uralten Geschichte des Kosmos das gewesen sein mag.

138 Sie wissen auf alles eine Antwort! Haben Sie eigentlich auch mal unrecht?

Ach ja, die Frage war auch fällig. Geht es bei unserer Diskussion denn um die Frage, ob ich recht oder unrecht habe? Ich vertrete Auffassungen, und das sind *meine* Auffassungen, wie sie in den vergangenen 20 Jahren gewachsen sind. Sie wurden allerdings auch oft mit Salzsäure gewaschen! Ob ich auch mal unrecht habe? Ich konnte in den vergangenen Jahren feststellen, daß ich *im Detail* sehr oft daneben gelegen habe. In toto aber, und darauf kommt es doch wohl an, haben mich in der Sache Gegenargumente bisher nicht von meiner Theorie abbringen können, ja mich nicht mal ernsthaft daran zweifeln lassen. Immer, wenn ich unrecht habe,

habe ich auch den Mut, das offen zuzugeben. Ist es denn eine Schande, sich geirrt zu haben? Die Fragen, die mir bisher gestellt wurden, hatten mit Recht oder Unrecht nichts zu tun. Man ging mich um meine Meinung an, und die habe ich gesagt.

139 Jetzt kann ich Sie festnageln! Der STERN hat unzweideutig nachgewiesen, daß Sie nie und nicht in künstlich angelegten unterirdischen Höhlen in Ekuador gewesen sind. Das aber haben Sie in Ihrem Buch »Aussaat und Kosmos« behauptet. Sie werden das nicht bestreiten können. Ich habe nicht vergessen, daß der Mann, der Sie angeblich in die unterirdische Fabelwelt begleitet haben soll, sich ausdrücklich von Ihnen distanziert hat. Sie haben da ganz einfach gelogen, und wenn Sie eben sagen, daß Sie Irrtümer auch zugeben würden, dann tun Sie das jetzt, bitte!

Nach einer so heftigen Attacke darf ich Sie bitten, genau zuzuhören!

Der Südamerika-Korrespondent des STERN ist ein Mann namens Hero Buss, ein politischer Korrespondent. Der reiste im Auftrag des STERN zu jenem Rechtsanwalt Dr. Peña, dessen Visitenkarte mit Adresse und Telefonnummer ich in »Aussaat und Kosmos« abbildete. Buss organisierte über Dr. Peña ein Treffen mit Juan Moricz, eben jenem Mann, mit dem ich in den Seiteneingang jener von mir beschriebenen Höhle eingestiegen bin.

Zwei Daten müssen auseinandergehalten werden.

1. Juan Moricz führte 1969 eine Expedition in die von ihm entdeckten Höhlenabschnitte durch. An dieser Expedition von 1969 nahm ich *nicht* teil.
2. 1971 aber bin ich mit Moricz in einen Seiteneingang desselben Höhlentraktes eingestiegen. Geographisch lag dieser Seiteneingang an einem anderen Ort als der Haupteingang, durch den die 1969er Expedition einstieg.

Vollkommen richtig erklärte Moricz den Journalisten, daß ich *nicht* Teilnehmer der 69er Expedition gewesen bin. Daß ich das nie behauptet habe, kam durch den Wust von teilweisen Verfälschungen nicht durch. Und: Unterschlagen wurde, daß ich 1971 mit Moricz in einen Seiteneingang einstieg!

Vor der Veröffentlichung im STERN rief mich ein Herr Haaf an und teilte mir mit, die Herren Dr. Peña und Moricz hätten ihrem Korrespondenten Hero Buss gesagt, die in meinem Buch »Aussaat und Kosmos« veröffentlichten Bilder des unterirdischen Tunnelsystems stammten nicht von mir, sondern von Herrn Moricz, und ich wäre an jenen Orten nicht gewesen. Herr Haaf fragte, was ich dazu zu sagen hätte.

Nun, ich sagte die Wahrheit und bestätigte, daß die betreffenden Bilder in »Aussaat und Kosmos« tatsächlich Aufnahmen von Juan Moricz wären, die anläßlich der 69er Expedition gemacht wurden. Ich wies darauf hin, daß der Bildurhebervermerk exakt im Buch angegeben sei, aber ich sagte auch, daß ich an den auf den Bildern fixierten Orten nicht gewesen wäre, jedoch 1971 mit Herrn Moricz in einen Seiteneingang des Höhlensystems eingestiegen sei. Moricz habe mich gebeten, ja mir verboten, diese meine Bilder zu veröffentlichen, weil er verhindern wollte, daß durch die veröffentlichten Fotos wilde Schatzsucher angelockt würden. Ich habe die Bilder heute noch, aber weil ich versprach, sie nicht zu veröffentlichen, werde ich sie, und wenn ich noch so angepöbelt werde, *nicht* veröffentlichen. Ich pflege Wort zu halten.

Im Editorial der Nr. 41 des Jahres 1972 brachte der STERN einen Text, in dem es unter anderem heißt – ich kann es Ihnen vorlesen, weil ich diese Munition sicherheitshalber immer mit mir führe. Da heißt es:

»Bis vor kurzem wehrte von Däniken jeden Zweifel an der phantastischen Sache entschieden ab: »Ich habe das alles mit eigenen Augen gesehen.« Letzte Woche jedoch bat er in einem Brief an den STERN um Verständnis, »daß gewisse dramaturgische Effekte bei der Beschreibung einer solchen Anlage dem Schriftsteller gestattet« sein müßten. Und ganz nebenbei gesteht er kleinlaut ein: »An den betreffenden Orten bin ich tatsächlich nie gewesen.« Genau das hatten die STERN-Reporter Hero Buss und Perry Kretz kurz zuvor herausgefunden, als sie in Ekuador vor Ort recherchierten...« Ende des Zitats.

Die Schreibe, daß ich »kleinlaut eingestanden« hätte, »an den betreffenden Orten nie gewesen zu sein«, war eine glatte Verdrehung der Tatsachen! Richtig ist, daß ich von »dramaturgischen Effekten« gesprochen habe, sie wurden zu einer Riesenstaubwolke aufgepustet, aber ich stehe heute noch dazu.
Ich möchte *den* Journalisten oder *den* Schriftsteller sehen, der beim Schreiben ohne eine gewisse Dramaturgie auskommt! Wieviel gezielte Dramaturgie steckt denn in den Schlagzeilen, die die STERN-Redaktion jede Woche mit fabelhaftem Einfallsreichtum formuliert! Steckt denn in den spitzen Glossen des STERN, mit denen von der Redaktion unliebsame Zeitgenossen ab- oder mindestens angeschossen werden, keine Dramaturgie?
Wie meine vorausgegangenen Bücher war auch »Aussaat und Kosmos« *kein* wissenschaftliches Werk. Die beschriebenen Tatsachen müssen stimmen, und sie stimmen auch. Bringe ich aber nebenher auch etwas Spannung und Humor in die an sich trockenen Tatbestände, dann muß diese handwerkliche Zubereitung auch einem Sachbuchautor zugestanden werden. Ob das nun einigen Journalisten paßt oder nicht: Sie tun täglich genau dasselbe! Es gibt nicht

STERNE genug, die sich auf jeden Fall einschießen könnten! Aus Verlagshäusern weiß ich, daß Attacken auf Däniken Auflage machen. Damit Sie sehen, wie großzügig ich bin – im Gegensatz zu meinen Kritikern –, sage ich Ihnen, daß ich sogar *dafür* ein Quentchen Verständnis aufbringen kann. Obwohl es manchmal weh tut.

*

140 Woher nehmen Sie bloß Ihre felsenfeste Überzeugung, daß es in unserer Milchstraße überhaupt fremde intelligente Lebensformen gibt?

Pardon, das ist ja nicht etwa nur meine ganz persönliche Überzeugung, diese Annahme ergibt sich aus statistischen und philosophischen Überlegungen, die Wissenschaftler angestellt haben!

Allein in unserer Milchstraße gibt es rund 200 Milliarden Sonnen. Nimmt man in einer vorsichtigen und sicher nach unten untertriebenen Schätzung an, daß nur jede hundertste Sonne auch einen Planeten besitzt, dann hätten wir in unserer Galaxis zwei Milliarden Planetensysteme. Unterstellen wir, daß von diesen zwei Milliarden Planeten nur jeder hundertste Voraussetzungen für irgendwelches Leben bietet, dann bleiben immer noch 20 Millionen Planeten mit Lebensvoraussetzungen. Nehmen wir weiter an, daß sich auf solchen Planeten mit Lebensvoraussetzungen lediglich auf jedem hundertsten Planeten auch tatsächlich Leben entwickelt hat, dann ergibt die statistische Wahrscheinlichkeit immer noch 200000 Planeten mit Lebensformen. Dividieren wir weiter! Wenn von dieser Zahl wieder nur jeder hundertste Planet intelligentes Leben produzierte, dann verbleiben unterm Strich immer noch 2000 Planeten mit intelligentem Leben in unserer Galaxis. Und, meine Damen und Herren, die Rechnung, die ich Ihnen aufmachte, ist in gar keiner Weise optimistisch eingefärbt!

Interessant ist die Überlegung, daß Zivilisationen sich im Weltall um eine unbekannte Größe multiplizieren. Vorhandene Zivilisationen expandieren nämlich, sie haben den Drang, ihre Lebensform und Intelligenz in Raum und Zeit weiterzugeben, eine Entwicklung, die wir in spätestens hundert Jahren auch aufnehmen werden. Auf den philosophischen Aspekt Ihrer Frage bin ich bereits eingegangen, als wir vom »ausgerechnet-wir«-Komplex sprachen.

141 Ist wenigstens hier die Wissenschaft mal Ihrer Meinung?

(Lachen)

Ja, mein Herr, ich kann Sie beruhigen: Die Wissenschaft *ist* dieser Meinung, und ich teile die Meinung der Wissenschaft! Übrigens haben die Amerikaner im Sommer '77 eine Sonde mit einer Botschaft an außerirdische intelligente Lebewesen im All geschickt. Ich glaube nicht, daß die NASA das tun würde, wenn sie nicht ernsthaft mit intelligenten Lebensformen in unserer Galaxis rechnen würde... Bitte?

142 Was war das für eine Botschaft?

Einen Moment bitte... Ich habe den Text in meiner Mappe! Da ist er! Also: Es handelt sich um die amerikanischen Raumsonden vom Typ »Voyager«, die im August und September von Cape Canaveral aus gestartet wurden. Die Sonden enthielten eine Kapsel mit einer elektronischen »Schallplatte«. Auf dieser Platte sind Aufnahmen von Vogelstimmen, Beethovenmusik, Jazz und chinesische Musik, dazu Grüße in sechzig irdischen Sprachen. Auf dem Videoteil sind verschiedene Landschaften, Städte und technische Errungenschaften unserer Forschung abgelichtet. Außerdem enthält die Kapsel einen elektronischen Entschlüßler, damit ein fremder Computer aus den übermittelten Impulsen überhaupt schlau wird. Und schließlich eine Botschaft von Präsident Jimmy Carter. Möchten Sie sie hören?

Ja!
Darf ich um Ruhe bitten? Der Text der Botschaft lautet:

»Dieses Voyager-Raumfahrzeug wurde von den Vereinigten Staaten von Amerika gebaut. Wir sind ein Gemeinwesen von 240 Millionen Menschen unter mehr als vier Milliarden, die den Planeten Erde bewohnen. Wir Menschen sind noch in Nationalstaaten unterteilt, aber diese Staaten sind im Begriff, rasch zu einer einzigen Weltzivilisation zu werden.
Wir werfen diese Botschaft in den Kosmos. Sie wird wahrscheinlich eine Milliarde unserer Jahre überdauern in eine Zukunft hinein, in der unsere Zivilisation und die Oberfläche der Erde wohl tiefgreifende Veränderungen erfahren haben werden. Von den 200 Milliarden Sternen der Galaxis Milchstraße werden einzelne, vielleicht auch viele, bewohnte Planeten und raumfahrende Zivilisationen haben. Falls eine solche Zivilisation die »Voyager« auffangen und imstande sein sollte, die Aufzeichnungen zu verstehen, so lautet unsere Botschaft:
Dies ist die Gabe einer kleinen, fernen Welt, Kunde von unseren Lauten und unserer Wissenschaft, unseren Bildern, unserer Musik, unserem Denken und Empfinden. Wir versuchen, unsere Gegenwart zu überdauern und unser Leben in die eure hineinzutragen.
Wir hoffen, daß wir dereinst, wenn wir unsere Probleme gemeistert haben werden, uns einer Gemeinschaft der galaktischen Zivilisationen anschließen können. Diese Aufzeichnung drückt unsere Hoffnung, unsere Entschlossenheit und unseren guten Willen aus in einem ungeheuren, überwältigenden Universum.«

Sie sehen, meine Damen und Herren: Ich bin kein einsamer Spinner!

(Starker Applaus)

*

143 Astrophysiker sprechen von »kosmischen Wundern«. Was hat man sich darunter vorzustellen?

Wenn ich mich nicht irre, stammt diese Bezeichnung von einem russischen Astronomen, vermutlich von Professor Josif Schklowskij, der sich vorzugsweise mit solchen Phänomenen beschäftigt.

In den Begriff »kosmische Wunder« packt man alle astronomischen Objekte hinein, für die man keine »natürliche« Erklärung hat. Sie alle sind Teile einer Brücke, einer Idee, die auf die Frage zurückführen: Wie können wir uns mit außerirdischem Leben in Verbindung setzen oder: Wie können wir selbst uns bemerkbar machen.

Sie wissen, daß man von mehreren Orten unseres Planeten aus versucht hat, auf allen sinnvoll-denkbaren Wellenlängen Radiosignale aus dem All zu empfangen, wie man auch Impulse von hier nach draußen ausstrahlte. Bisher blieben alle wissenschaftlich gründlich durchdachten Experimente ohne Erfolg. Weil das so ist, führte ein russischer Forscher den Gedanken in die Überlegungen ein, ob sich Außerirdische nicht möglicherweise mit Phänomenen bemerkbar machen könnten, für die andere intelligente Lebewesen keine »natürliche« Erklärung finden können. Aus der Summe solcher Überlegungen kam es zu dem Begriff »kosmische Wunder«!

Meiner Ansicht nach hat die Sache einen Haken! Was ist denn ein »Wunder«? Hätten vor dreißig Jahren unsere Mütter nicht eine vollautomatische Waschmaschine noch für ein Wunder gehalten? Wären unsere Urgroßeltern nicht freiwillig wieder in ihre Gräber zurückgekehrt, wenn sie die Fernsehbilder in den Wohnstuben gesehen hätten? Hätte man nicht noch vor 60 Jahren einen Jumbo-Jet für ein Wunder gehalten? Hätten nicht selbst Wissenschaftler noch vor 50 Jahren eine Neutronenbombe für ein Wunder gehalten, die durch harte Strahlung nur Leben, aber keine Materie zerstört? Wenn wir also »kosmische Wunder« beobachten, für die wir keine vernünftige Erklärung finden, müssen derartige Objekte bei weitem keine Wunder sein. Es *können* praktikable Objekte einer uns überlegenen Technik sein. Ich für meinen Teil glaube nicht an Wunder. Wunder werden gemacht!

*

144 Ich bin 17, ich gehe sehr gern und sehr oft hier ins Observatorium. Gleich, nachdem ich bei Ihnen gelesen hatte, daß der Planetoidengürtel aus den Resten eines explodierten Planeten bestände, habe ich das dem Astrononen im Observatorium gesagt. Und der hat mich nur ausgelacht, und er hat gesagt, daß die gesamte Masse des Planetoidengürtels viel zu gering wäre, um daraus einen Planeten zu bilden. Ein Planet muß ja eine bestimmte Größe haben, weil er sonst wegen der fehlenden Gravitation seine Atmosphäre nicht halten kann. Also, wurde ich belehrt, könnte es auf einem so kleinen Planeten, wie ihn die Masse des Planetoidengürtels hergibt, kein Leben existieren…

Ich verstehe. Dem zweiten Teil Ihrer Schilderung stimme ich zu. Tatsächlich muß ein Planet eine gewisse Mindestgröße haben, damit er seine Atmosphäre nicht verliert. Aber, und das muß ich klarstellen, aber die heute noch vorhandenen Brocken des Planetoidengürtels lassen nicht darauf rückschließen, daß der explodierte Planet ehemals nicht ungleich größer war als seine Teile!

Stellen Sie sich vor, die Erde würde in einer kosmischen Katastrophe auseinandergerissen, würde explodieren. Was würde geschehen? Der Erdmantel besteht bekanntlich nur aus einer sehr dünnen Schicht, der Erdkern, die Masse, besteht aus flüssigen Gasen aller Art. Diese Gase würden sich mit der Gewalt der Explosion im Weltall entladen, ausbreiten! Gleiches gilt für die ungeheuren Wassermengen auf unserem Planeten und auch für die Atmosphäre, die ihn umgibt und die er durch seine Schwerkraft bindet. Was dann übrigbliebe, wäre vermutlich kaum viel weniger als die Bestandteile des Planetoidengürtels. Und: Wenn man es könnte, man kann es nicht, aber wenn man es könnte, ließe sich aus den Teilen nie wieder der Planet Erde zusammensetzen. Es fehlt ja die Masse, die die Teile gebunden hatte. Aber, das kann ich Ihnen versprechen, die Astronomen würden dann behaupten, die Restbrocken, die da im All herumsausen, wären niemals ein Planet gewesen!
Sagen Sie Ihrem Lehrer vom Observatorium, daß noch existierende Teile niemals den ganzen, den ehemaligen Planeten ergeben. Das ist besonders einfach zu begreifen, wenn man etwa an die heute als gültig angesehene Big-Bang-Theorie für die Entstehung der Erde denkt. Man muß den Film nur rückwärts ablaufen lassen. Schlagen Sie das beim nächsten Besuch im Observatorium mal vor. Und, wenn Sie Lust haben oder noch weitere Fragen, dann schreiben Sie mir ruhig. Ich bin immer auf der Seite der Jugend, die *Fragen* stellt.

*

145 Sind die Bauwerke der Maya tatsächlich nach den Sternen ausgerichtet?

Nach den Sternen *und* nach dem Kalender! Die Blickrichtung vom großen Fenster des Observatoriums in Chichén-

Itza ist auf die Venus ausgerichtet, weil aber der Planet Venus nicht stillesteht, berücksichtigten die Maya sowohl den äußersten nördlichen wie auch den äußersten südlichen Punkt des Venusdurchgangs. Was den Fixsternhimmel angeht, ist das Observatorium auf Sirius und die Plejaden ausgerichtet. Und die vier Außentüren der Kuppel sind auf den Aufgang der hellen Sterne Kanopus und Castor einvisiert. Meiner Überzeugung nach stehen die meisten Maya-Bauwerke dem Sinne wie der Anlage nach in irgendeinem Bezug zum Sternenhimmel. Leider werden zur Klärung sehr wenige Untersuchungen angestellt. Das liegt wieder mal daran, daß hier Archäologen und Astronomen Hand in Hand arbeiten müßten, aber mit der interdisziplinären Forschung ist das, scheint's, immer eine heikle Sache. Jeder kocht in seinem eigenen Töpfchen und schaut ungern über den Rand hinaus.

*

146 Bei Ihnen taucht immer wieder die Zeitkapsel auf. Was soll man sich darunter vorstellen?

Das ist für mich ein Ding, eine Konstruktion, ein Behälter, der die Zeiten überdauern soll. Eine solche Kapsel kann alle nur denkbaren Informationen enthalten, aber auch Gegenstände. Zeitkapseln müssen nicht nur irgendwo im All zu suchen sein. Anläßlich der Weltausstellung in New York, und das nur als Beispiel, da wurde eine derartige Zeitkapsel in den Boden von Manhattan versenkt. Sie enthielt Schallplatten, Mikrofilme, ein komplettes Lexikon sowie Fotos von allen möglichen Gegenständen unserer heutigen Zivilisation. Diese Kapsel wurde im Innern keimfrei gemacht, die Luft abgesaugt. Dann hermetisch verschlossen. Mit Stahl- und Aluminiumschichten umgeben. Sie soll 5000 Jahre unbeschädigt überdauern. Nach 5000 Jahren beginnt ein

automatischer Sender auf verschiedenen Wellenlängen einen Pfeifton zu senden: Die dann Lebenden können die Zeitkapsel orten... vorausgesetzt, in 5000 Jahren arbeitet man noch mit denselben altertümlichen Radiomethoden wie heute. Was ich nicht glaube.
Was *wir* heute in den Boden versenken, das kann selbstverständlich auch an logisch-mathematischen Punkten im Weltall deponiert worden sein.

147 Ich verstehe nicht, weshalb Sie in der Schlange ein Weltraumsymbol sehen. Schlangen können nicht fliegen, sie konnten es nie!
Vielleicht doch! Kein Mensch hat je einen feuerspeienden Drachen gesehen... und dennoch wimmelt es in der chinesischen Mythologie davon! Weshalb wohl? Wahrscheinlich haben unsere primitiven Vorfahren was gesehen, was sie sich nicht erklären konnten, und weil sie es nicht erklären konnten, umschrieben und beschrieben sie es mit den ihnen möglichen Vergleichen. Sehen Sie doch mal an einem schönen Sommertag zum Himmel auf! Werden Sie da nicht irgendwann »fliegende Schlangen« sehen? Nämlich: Kondensstreifen von Flugzeugen?! Und, wenn Sie genau hinsehen, werden Sie sogar den Kopf der Schlange entdecken... das Flugzeug selbst! Weltraumflugzeuge würden an unserem Himmel tatsächlich sehr kräftige Kondensstreifen zurücklassen, und, wenn sie mit Photonen angetrieben würden, dann wäre ein greller, gebündelter Lichtstrahl zu sehen! Wären es andere Triebwerke – wahrscheinlich mit Wasserstoff oder tiefgekühltem Stickstoff –, dann würden auch sie den Kondensstreifeneffekt auslösen. Der Gedanke an Kondensstreifen ist übrigens keineswegs so absurd, wie sich das auf Anhieb anhört! Schon der Prophet Hesekiel berichtet von einer »weißen Wolke«, die von Norden kam, und auch Mose beschreibt diese »Wolke des Herrn«!

Eine andere Erklärung für »Schlangen am Himmel« könnte man darin sehen, daß die Zubringerschiffe stromlinienförmig waren, ähnlich unseren heutigen Raketen. Es war Thomas Edison, der sagte, daß die Technik aus der Phantasie lebt. Wir müssen uns angewöhnen, mindestens in einem Punkt die Feststellungen unserer primitiven Vorfahren nachzuvollziehen: Sie *konnten* nicht begreifen, was da am Himmel geschah, aber sie haben versucht, es mit *ihren* Vergleichen zu übermitteln. Lassen Sie doch mal einen alten Herrn aus dem Biedermeier aus seinem Grab auferstehen – und das wäre noch nicht so lange her! –, und lassen Sie diesen Herrn beschreiben, was er sieht und denkt, wenn ein Geschwader von Düsenjägern über unseren Himmel donnert!

*

148 Im Berliner Planetarium hörte ich einen Vortrag, in dem Sie von einem Astronomen mächtig in die Pfanne gehauen wurden. Der Astronom belegte mit eindrucksvollen Zahlen, daß Ihre Idee von interstellarer Raumfahrt nichts als reine Spinnerei wäre. Interstellare Raumfahrt, sagte er, würde es nie geben!

Und Ihre Frage?

Auch Professor von Ditfurth wies nach, daß interstellare Raumfahrt einfach unmöglich ist. Damit ist Ihr Gerede doch widerlegt. Wenn es Raumfahrt zwischen den Sternen künftig nicht geben kann, dann ist, schließe ich daraus, dann ist auch nie jemand dagewesen!

Ich warte immer noch auf Ihre Frage!

Ja, was sagen Sie denn dazu?

Der bekannteste Fachmann auf diesem Gebiet, und das sicher nicht nur in deutscher Sprache, das ist Professor Dr. Harry Ruppe. Er hat den Lehrstuhl für Raumfahrttechnik

an der Technischen Universität in München inne. Ruppe war ein langjähriger Freund des verstorbenen Wernher von Braun, er arbeitete mehrere Jahre sozusagen als rechte Hand Wernher von Brauns im Raumfahrtzentrum der NASA, zuletzt als Direktor des Büros für die Planung zukünftiger Raumfahrtprojekte. Die Raketenantriebstechnik ist Ruppes Spezialgebiet. Ich geben Ihnen diese Hinweise nur, damit Sie wissen, wie gewichtig das Wort von Professor Ruppe ist.
Für mein Buch »Beweise« stellte ich dem Professor die Frage, ob interstellare Raumfahrt dermaleinst möglich sein würde. Seine Antwort war ein eindeutiges »ja«!
Ruppes Ansicht deckt sich übrigens mit dem Inhalt eines langen Artikels von Professor Dr. F. Winterberg von der University of Nevada. Professor Winterberg schrieb diesen Artikel zum gleichen Thema in Heft 1 der Fachzeitschrift »Astronautik« in diesem Jahr (1977), und er zeigt darin eine Möglichkeit auf, wie interstellare Flüge mit sehr großer Beschleunigung zu erreichen sind, er meint, relativistische Geschwindigkeiten könnten »wie im Traum« erreicht werden!
Ich finde es bedauerlich, aber ich kann es nicht ändern, wenn einige europäische Professoren in ihren klug-überheblichen Vorträgen immer noch so tun, als wäre interstellare Weltraumfahrt für alle Ewigkeit ein Ding der Unmöglichkeit. Vielleicht können Sie meine bescheidene Meinung teilen, daß man in Europa nicht so ganz up to date, nicht so ganz auf dem jüngsten Stand der Erkenntnisse ist... und vielleicht stimmen Sie mir zu, wenn ich sage, daß die Schrittmacher der Raumfahrt, die Oberths, die Wernher von Brauns, die Stuhlingers und wie sie alle heißen, es heutzutage schwer hätten, zu ihren Höhenflügen im wahrsten Sinne des Wortes anzusetzen! Die Weltraumzukunft liegt in Amerika und Rußland, und man muß sich, wenn man manche Leute reden hört, darüber nicht mal wundern...

149 Sie sprechen und schreiben dauernd von angeblichen Zeitverschiebungen, die auftreten, wenn ein Raumschiff hohe Geschwindigkeiten erreicht. Sie sagen, es vergeht dann für die Besatzung des Raumschiffs weniger Zeit als für die Menschen auf der Erde. Geben Sie zu, daß das reine Theorie ist! Eine Zeitverschiebung ist noch nirgendwo festgestellt worden. Selbst wenn es sie gäbe, könnte sie auf der Erde nicht festgestellt werden!

Bedaure, da liegen Sie falsch!

Physiker haben Zeitverschiebungseffekte schon mehrmals und einwandfrei auf der Erde festgestellt! Zum Beispiel: Da hat 1971 eine Physiker-Gruppe von der Universität Washington in Zusammenarbeit mit dem U.S. Naval Observatory eine Atomuhr in eine Boeing 707 verfrachtet. Eine Atomuhr ist keine Armbanduhr, sie ist ein sehr kompliziertes Zeitmeßinstrument, das noch die Milliardstelsekunden messen kann. Ein weiteres Exemplar der Atomuhr blieb im Laboratorium auf der Erde.

Die Boeing startete einmal in Uhrzeigerrichtung und ein zweites Mal in entgegengesetzter Richtung rund um die Erde. Selbstverständlich mit Zwischenlandungen. Wieder am Startort, wurde tatsächlich ein Unterschied in der Zeitmessung festgestellt: Das Gerät, das in der Boeing flog, verzeichnete eine minim langsamere Zeit als das Gerät im Laboratorium, und zwar war es eine Differenz von 59 beziehungsweise 273 +/− 7 Nanosekunden.

Übrigens las ich, daß Einsteins spezielle Relativitätstheorie, auf die diese Zeitverschiebungseffekte zurückgehen, erst kürzlich einen neuen Test bestanden hat!

Am CERN, dem europäischen Zentrum für Hochenergie-Physik bei Genf, wurde der Zerfall von Myonen beobachtet. Myonen sind Elementarteilchen, die aus dem Weltall auf der Erde eintreffen und innerhalb sehr kurzer Zeit in ein Elektron und zwei Neutrinos zerfallen. Die Wissenschaftler bei CERN gingen davon aus, daß diese Myonen, wenn man sie künstlich beschleunigt und damit in Nähe der Lichtgeschwindigkeit bringt, daß dann diese Myonen, weil sie sich schneller als »von Natur aus« bewegen, daß dann der Zerfall *langsamer* vor sich gehen müsse. Die Annahme war richtig! Der Physiker E. Picasso mit seinem Mitarbeiterstab führte den Versuch durch, und, siehe da, die Myonen zerfielen prompt langsamer, nämlich deshalb, weil man ihnen eine andere Geschwindigkeit gegeben hatte...

150 Sie beweisen wieder, daß Sie nichts von Physik verstehen! Relativistische Zeitverschiebungseffekte können erst bei annähernder Lichtgeschwindigkeit auftreten, und es ist vollständig unmöglich, ja, undenkbar, etwas auf Lichtgeschwindigkeit zu bringen...

Mein Herr, ich muß nochmals Ihre Fehlinformation bedauern! Und wenn Sie, ich weiß es nicht, und wenn Sie Physiker sind, dann haben Sie trotzdem unrecht. Im Sommer dieses Jahres (1977) sind in den Speicherringen von CERN in Genf Geschwindigkeiten von 99,94 Prozent der Lichtgeschwindigkeit erreicht worden! Ich weiß das ganz genau, weil ich meine Information von einem Physiker habe, der bei dem Versuch dabei war!

99,94 Prozent der Lichtgeschwindigkeit?! Lächerlich! Unmöglich!

Es *ist* möglich. Wollen wir uns doch hier nicht streiten! Verlangen Sie bei CERN in Genf Informationen über das, was dort im Juli 1977 unter der Leitung von Professor Picasso geschehen ist!

*

151 Okay, Sie haben Indizienbeweise für Ihre Theorie zusammengetragen, aber den echten Beweis sind Sie uns noch schuldig. Bisher konnten Sie nicht ein einziges Objekt vorzeigen, daß außerirdischer Herkunft ist. Da es in der Frühgeschichte Ihrer Meinung nach nur so von Göttern gewimmelt hat, müßten diese Herrschaften doch irgendwas zurückgelassen haben. Weshalb fand man bisher nichts? Mit dem ersten überzeugenden Fund würde Ihre Theorie zur Tatsache. Wo bleibt das überzeugende Objekt?

Ich bin froh über Ihre Frage. Sie gibt mir Gelegenheit zu Erläuterungen, die schon lange fällig sind. Die Antwort wird etwas ausführlicher ausfallen müssen.

Ich unterscheide drei Arten von Beweisen:

Da ist der Indizienbeweis, wie ich ihn aus Überlieferungen vielfältiger Art zusammentrage...

Da gibt es den *zufälligen* Beweis. Damit meine ich eventuell von den Göttern zurückgelassene Gegenstände... und: Da kann es den *absichtlichen* Beweis geben!

Den Indizienbeweis habe ich meiner Überzeugung nach erbracht. Ich kann hier nicht all die Fakten wiederholen, die in meinem Buch »Beweise« stehen.

Das *zufällig* zurückgelassene Beweisstück kann tatsächlich überall zu finden sein. Aber: Wo?

Stellen Sie sich unseren schönen, runden Globus vor, und dann decken Sie den Nordpol und den Südpol ab. Dort herrscht das ewige Eis, es ist nicht möglich, jeden Quadratkilometer abzusuchen und umzuwühlen. Die zum Suchen verfügbare Fläche wird folglich kleiner.

Machen Sie nun auch noch aus den gigantischen Wüstenflächen Niemandsland, ich denke an die Wüsten von Nevada, Sahara, Gobi, Belutschistan und so weiter. Auch diese Millionen Quadratkilometer können nicht umgepflügt werden! Die verfügbare Suchfläche ist noch mal erheblich kleiner geworden. Denken Sie jetzt an alle unbegehbaren Gebiete

auf der Erdkugel, denken Sie an die Dschungelgebiete von Zentralamerika, von Südamerika, von Indien – denken Sie aber auch an die schwer oder gar nicht zugänglichen Gebirgsketten! Machen Sie auch aus diesen Gebieten Niemandsland! Die verfügbare Fläche, auf der wir suchen könnten, ist nochmals kleiner geworden.
Und mein Herr, nun ziehen Sie noch alle Ozeane und Meere ab – zwei Drittel der Erdoberfläche sind mit Wasser bedeckt. Auch unter diesen Wassern können wir nicht nach Relikten suchen!
Die Fläche, die nun noch zur Suche nach dem zufälligen Beweis zur Verfügung steht, ist winzig, aber selbst von dieser winzigen Fläche sind erst etwa 0,01 % archäologisch erfaßt! Finden Sie nicht auch, daß das sehr wenig ist? Und sind Sie jetzt auch der Meinung, daß die Chance, den zufälligen Beweis zufällig zu finden, ungeheuer gering ist? Mich wundert es jedenfalls nicht, daß der zufällige Beweis bisher noch nicht ans Licht gehoben wurde!

152 Wenn ich Sie richtig verstehe, gehen Sie vom Auffinden kleiner Gegenstände aus. Folgt man aber Ihrer Theorie, dann haben Außerirdische auch mit größeren Geräten, ja sogar Maschinen operiert, zum Beispiel mit Geländefahrzeugen. Davon müßte doch was zu finden sein!
Sie irren sich. Man kann davon ausgehen, daß die Fremden intakte Gerätschaften wieder mitgenommen haben. Möglich, daß was zurückblieb, was nicht mehr funktionierte. Doch auch so große Objekte würden wir heute nicht mehr finden. Stellen Sie sich ein großes Geländefahrzeug vor, daß irgendwo draußen im Gelände herumsteht. Ich nehme, um Ihre Vermutung zu unterstützen, sogar an, daß dieses Fahrzeug aus nichtrostendem Material besteht, von Wind und Wetter also nicht kaputtgemacht wird. Das Monstrum steht also da. Was geschieht? In längstens zwanzig Jahren sind

Stangen, Räder und Motor mit Staub und Dreck belegt. Noch mal fünfzig Jahre später wachsen Gras und Büsche um und durch das Gerät, und noch mal sehr viel später hat sich um das abgestellte Ding ein Hügel gebildet, auf dem Bäume wachsen. Das ist nicht utopisch, das kann man sogar in seinem kurzen Leben beobachten, wie so was vor sich geht. Nein, nein, so geht das mit der Suche nicht. Hier ginge es um einen Zufallsfund, der von derartig vielen Absonderlichkeiten abhängt, daß ich nichts davon halte. Übrigens waren die zentralamerikanischen Pyramiden nichts als überwucherte Hügel. Einige hat man freigelegt – andere, sogar ganze Städte, liegen unter dem Dschungel. Man weiß nur, daß sie »da« sind!

Lassen Sie mich kurz etwas zur dritten Alternative sagen, zum absichtlichen, von den »Göttern« zurückgelassenen Beweis.

Ich habe mich oft gefragt: Wie würdest *du* dich verhalten, wenn du selbst ein Extraterrestrier wärst und auf einem anderen Planeten in einer prähistorischen Gesellschaft landen würdest! Und ich habe mir gesagt, daß ich ganz bestimmt für spätere Generationen ein Andenken an meine Anwesenheit deponieren würde, ich würde etwas basteln, woraus sehr viel später hervorgeht:

1. Ich war da
2. Ich kam von unserem Sonnensystem
3. Was der Zweck meiner Reise war
4. Was fand ich vor? Welche Lebensformen?
5. Warum und weshalb veränderte ich eine Lebensform?
6. In welche Richtung und mit welcher Geschwindigkeit werde ich wieder heimwärts starten?

Wie mein Depot mit diesen Angaben aussehen könnte, weiß ich nicht. Vielleicht sind es Schriften auf einem unzerstörbaren Material, vielleicht sind es unbrennbare Filme

oder Tonbänder, vielleicht eine Zeitkapsel, ich weiß es nicht. Irgendwas würde mir schon einfallen.
Dann aber würde sich mir die ungleich schwerer zu lösende Frage stellen: Wohin mit dieser Zeitkapsel? Soll ich sie dem gelehrigsten Schüler auf dem fremden Planeten in die Hand drücken? Soll ich ihm sagen: »Höre, mein Sohn, was ich dir da gebe, das wird in zehntausend Jahren sehr wichtig sein. Hebe es mir nur sehr sorgsam auf!«

(Lachen)

Ich weiß doch, daß auch auf jenem Planeten sich folgende Generationen in den Haaren liegen werden – vielleicht sogar meiner Hinterlassenschaft wegen! Man muß bedenken, daß das für die Primitiven ja ein göttlicher Gegenstand ist! Was bleibt mir zu tun? Soll ich den Beweis meiner Anwesenheit irgendwo gut verstecken? Ist das Versteck wirklich gut, dann ist die Sache eben versteckt, und niemand wird sie finden. Ich kann ja kein Schild dranhängen.
Ich könnte, damit man mein Depot auch findet, ich könnte es gut sichtbar auf eine Bergspitze niederlegen und mit der vorhandenen technischen Möglichkeit einen Blinker einstellen, der alle fünfzig Jahre aufleuchtet. Möglich, aber dann besteht die Gefahr, daß eine falsche Generation zur falschen Zeit den Beweis findet, auseinandernimmt und nichts damit anzufangen weiß. Das wäre also eine Generation, die keine Ahnung von Raumfahrt hat, die nichts von Lichtgeschwindigkeit weiß, die von Genetik und Mikrobiologie nie was gehört hat. Was hätte Kaiser Nero etwa mit einem zu seiner Zeit gefundenen Beweisstück der Außerirdischen anfangen sollen? Als leidenschaftlicher Pyromane hätte er wohl ein Feuerchen draus gemacht. Nein, nein, ich müßte dafür sorgen, daß meine Zeitkapsel unter gar keinen Umständen in die Hände einer falschen Generation gerät. Um das zu verhindern, könnte ich irgendwo mit meinen Astronautenkameraden ein tiefes Loch graben und mit

Hilfe der Einwohnerschaft ein gigantisches Bauwerk über dem Depot errichten, eine Pyramide vielleicht, die nicht nur gut sichtbar ist, nein, die auch die Zeiten überdauert. Nun, meine Damen und Herren, mir ist bis heute nicht bekanntgeworden, daß man 150 m tief unter der Spitze der Cheopspyramide nach einem Objekt der Außerirdischen nachgeschaut hätte, dabei wäre ein solches Versteck nicht dumm!

Es ist alles sehr schwierig und kompliziert. Als ausgebildeter Astronaut weiß ich doch von meinem Heimatplaneten her, daß Naturereignisse katastrophaler Art jedes noch so solide Bauwerk zerstören können! Erdbeben, Überflutungen, Meteoriteneinschläge... mein Beweisstück wäre wieder mal dahin!

Die einzige Möglichkeit erkenne ich in einem logisch-mathematischen Punkt, ja, ich müßte meinen Beweis an einem logisch-mathematischen Punkt deponieren. Beispielsweise am magnetischen Nordpol. Der verändert sich zwar laufend, aber er bleibt der *magnetische* Nordpol. Oder vielleicht noch besser an einem logisch-mathematischen Punkt in unserem Sonnensystem! Ich denke da etwa an einen Dreieckspunkt im Schwerkraftfeld verschiedener Planeten oder an einen sogenannten Librations-Punkt. Was ein Librations-Punkt ist, das lesen Sie, bitte, in »Beweise« nach. Dort könnte ich tatsächlich einen Satelliten mit all meinen Mitteilungen deponieren! Dort würde er nicht rosten, er würde nicht von Rost zerfressen, er unterläge keinerlei Witterungseinflüssen... und er wäre vor menschlichem Zugriff sicher.

Bliebe aber immer noch eine Aufgabe zu lösen! Ich müßte dafür sorgen, daß die richtige künftige Generation meine Zeitkapsel an dem logisch-mathematischen Punkt auch sucht! Was ich nicht weiß, macht mich nicht heiß. Wenn nie eine Generation auf die Idee kommt, nach meiner Hinter-

lassenschaft zu suchen, bleibt der Beweis meiner Anwesenheit für alle Ewigkeit verschollen, unauffindbar. Ist dieses Problem überhaupt zu lösen?
Hier, genau hier, sehe ich den Anlaß für jene Indizien, die die Götter mit voller Absicht für uns hinterlassen haben! Es war *kein* Zufall, daß sie etwa Vorväter wie die Propheten Henoch oder Elias in ihrem Raumschiff mitnahmen. Es war *kein* Zufall, wenn sie dem Babylonier Etana diktierten: »Nimm deinen Griffel und schreibe!« Es ist ein dickes Bündel von Indizien, das die Götter absichtsvoll hinterließen. Sie *wollten,* daß eine künftige Generation, die Weltraumfahrt betrieb, stutzig wurde, daß sie sich fragte: was bedeutet das alles? Und das, meine Damen und Herren, scheint mir genau der Punkt zu sein, an dem wir heute stehen!
Wie ich haben auch meine Kollegen in vielen Büchern einige tausend Indizien zusammengetragen, die auf den Besuch fremder Raumfahrer aus dem All hinweisen. Ich behaupte keineswegs, daß unter den Tausenden jedes Indiz stichhaltig ist. Das kann nur die Zukunft entscheiden, wo die Spreu vom Weizen zu scheiden ist. Es werden allemal genug guter, zielweisender Indizien übrigbleiben. Es wäre nun Sache unserer Generation, mit wissenschaftlicher Methodik kühl und sachlich zu überlegen: An welchem logisch-mathematischen Punkt, an welchen logisch-mathematischen Punkten könnte das Depot der Außerirdischen liegen? Wir sind, wenn wir erst mal die Grundfragen geklärt haben, heute durchaus in der Lage, mit dem modernen elektronischen Instrumentarium diese Punkte abzusuchen, und diese Mühe kostet nicht mal was, weil die enormen Anlagen der Radioastronomie vorhanden sind! Man muß sie nur einsetzen! Erst dann, wenn irgend etwas Fremdes an logisch-mathematischen Punkten geortet wird, erst dann wird es teuer. Dann nämlich müssen wir hinfahren, um den Beweis zu sichern!

153 Interessant! Trotzdem gehen Sie die Sache von einem völlig schiefen Blickwinkel an! Sie unterstellen, daß die Außerirdischen wie Sie handeln. Das halte ich für Unsinn. Die Fremden, wenn es sie überhaupt gegeben hat, werden ganz bestimmt anders denken und reagieren wie Sie, Herr von Däniken!

Sie vergessen das Wichtigste, Sie vergessen den springenden Punkt meiner Theorie! Ich muß wieder in Erinnerung rufen, daß meiner Ansicht nach die Götter die menschliche Intelligenz durch eine gezielte, künstliche Mutation *nach ihrem Ebenbild* geschaffen haben. Deshalb liegt es durchaus auf einer in meinem Sinne logischen Linie, wenn ich annehme, daß ich in einer vergleichbaren Situation genauso handeln würde wie unsere Schöpfer und Lehrmeister!

154 Und was versprechen Sie sich vom Finden eines solchen Beweises? Hat die Menschheit was davon?

Eine Menge! Die, die uns nach ihrem Ebenbild schufen, kennen unsere Entwicklungsstufen im voraus. Sie wissen, daß wir sehr bald vor gigantischen Problemen stehen werden. Denken Sie an die Energielücke, an den Umweltschutz, an die Überbevölkerung und so weiter. Die Außerirdischen wissen das alles, weil *sie* dasselbe bereits *hinter sich* haben. Was für uns Zukunft ist, ist für sie Vergangenheit.

In einer hinterlassenen Zeitkapsel werden wir nicht nur Antworten finden auf das, was Vergangenheit ist – wir werden auch Antworten für die Lösung künftiger Probleme finden. Vielleicht enthält die Zeitkapsel einen Code, der uns erlaubt, an einem interstellaren Kommunikationssystem im Universum teilzunehmen: Wenn wir die richtige Wellenlänge kennen, brauchen wir uns nur noch einzuschalten. Die Spekulation auf den Inhalt der Zeitkapsel kann so weit gehen, daß sie uns möglicherweise Konstruk-

tionen für Raumschiffe übermittelt, Raumschiffe mit einer Antriebsenergie, die wir suchen, aber bei weitem noch nicht gefunden haben. Ich glaube daran, daß wir mit dem Finden einer göttlichen Hinterlassenschaft die geraden Wege zu Frieden und Fortschritt für die Menschen in der Hand haben werden.
Halten Sie mich getrost für einen phantastischen Propheten! Es gibt ja einige Propheten, die so unrecht nicht hatten...

*

155 Wo sind denn Ihre Götter geblieben, die einst hier waren?! Warum lassen sie sich nicht wieder sehen? Warum sind sie nicht wiedergekommen?
Wissen *Sie* denn mit Sicherheit, ob sie *nicht* wiedergekehrt sind?
Ich muß noch mal an die Zeitverschiebungseffekte erinnern, denen ein Raumschiff mit hoher Geschwindigkeit bei interstellaren Entfernungen unterliegt. Gehen wir mal davon aus, der letzte Besuch der Außerirdischen hätte zu Zeiten des Propheten Hesekiel stattgefunden, also 592 vor Christus. Seitdem sind auf der Erde rund 2500 Jahre vergangen. Auf der Erde wohlgemerkt! Für die Raumschiffbesatzung sind daher, je nach Geschwindigkeit ihres Fahrzeugs, nur einige Jährchen vergangen! So steht es in der Zeitverschiebungstabelle, mit der heutzutage die Physiker umgehen. Es ist also durchaus möglich, daß *dieselbe* Besatzung, die den Propheten Hesekiel besuchte, heute noch am Leben ist und übermorgen zurückkehrt!
Wenn Sie mich also fragen: Wo sind die Fremden jetzt, dann kann ich nur antworten... irgendwo in der Zeit. Haben Sie ein bißchen Geduld! Diese Außerirdischen oder deren Nachfahren, die nach ihrem Ebenbild geschaffen wurden, werden später oder früher wieder hier aufkreuzen. Unsere galaktische Position ist ihnen ja bekannt...

»*War das nicht eben der Däniken?!*«
(Sepp Arnemann – TV-Hören und Sehen)

V

Foto: Ron Nielsen, Chicago

156 Damit Sie ganz klarsehen: Ich halte nichts von Ihrer Theorie! Trotzdem, ich gehe einmal von Ihrer absurden Unterstellung aus, daß außerirdische Besucher in unbekannter Vorzeit hier unten gewesen sind und uns auch noch durch eine gezielte Mutation intelligent gemacht haben. Das ist doch Ihre Theorie, oder?
Richtig!

157 So, und dann sagen Sie mir, was diese außerirdische, nach Ihrer Meinung ungeheuer clevere Intelligenz für ein Interesse daran gehabt haben soll!
Sie werfen mir einen Ball zu, den ich sehr gern auffange! Mit ein paar Sätzen kann ich Ihnen die Sachlage nicht dartun, ich werde schon einen kleinen Vortrag halten müssen. Innerhalb der 4. Weltkonferenz der »Ancient Astronaut

Society« im Sommer '77 in Rio de Janeiro gab es Fachkonferenzen, Brain-Stormings. Eine davon leitete ich, und sie beschäftigte sich mit der Frage:

> Wenn wir davon ausgehen, daß uns vor Jahrzehntausenden eine uns technisch überlegene Intelligenz besuchte und den damals primitiven Homo durch eine gezielte, künstliche Mutation zum Homo sapiens machte, was könnte der Zweck dieser Operation gewesen sein?

Es ergaben sich 27 logisch fundierte Antworten, ob die richtige darunter war, wissen wir nicht. Ich gebe die wichtigsten Resultate wieder:
Ich will Sie hier nicht mit der kompletten Definition dessen, was »Intelligenz« ist, langweilen, sondern nur anführen, daß *eine* Komponente der Intelligenz die Neugierde ist. Intelligente Lebensformen wollen *wissen,* wollen *mehr* wissen. Ist eine Frage beantwortet, stellt sie sich schon die nächste. Irgendwann wird jede Intelligenz wissen wollen: Was ist das Universum? Wie ist es beschaffen? Ist es endlich, ist es unendlich? Was sind Sterne? Wie hat draußen im All alles angefangen? Gibt es andere intelligente Lebensformen als unsere? Und irgendwann wird sich die Frage nach der Schöpfung, die Frage nach Gott stellen. Aber auch die beunruhigende Frage: Sind wir die einzigen im Universum?
Nehmen Sie an, daß es irgendwo in unserer Galaxis eine intelligente Lebensform gab, die Antworten auf solche Fragen suchte. Nehmen Sie weiter an, daß diese Intelligenz in der Lage war, die ungeheuren interstellaren Distanzen technisch zu überwinden. Für die Bewältigung dieser kaum vorstellbaren Entfernungen gab es, vermutlich, zu allen Zeiten nur die beiden Alternativen, vor der auch unsere Raumfahrtforscher stehen:
Die erste Möglichkeit. – Man baut ein gigantisches, von der

Energie her autarkes Raumschiff, in dem Männer und Frauen zusammenleben. Sie zeugen Kinder, so, wie das die folgenden, an Bord geborenen Generationen tun. Da das Raumschiff mit einem Fusionsreaktor gemütlich durch den Raum trudeln kann, spielen bei dieser Möglichkeit Geschwindigkeiten keine Rolle. Vielleicht kommt erst die 60. Generation am Ziel an. Das ist zwar langweilig, aber es geht.
Die zweite Möglichkeit. – Man baut ein Raumschiff mit extremer Geschwindigkeit, sie sollte der Lichtgeschwindigkeit nahekommen. Hier nun tritt für die Raumschiffbesatzung, die in relativ kurzer Zeit von Stern A nach Stern B fliegt, ein Phänomen auf, das in der Physik unter dem Begriff der Zeitdehnung oder Zeitdilatation bekannt ist. Es handelt sich um eine wissenschaftlich gesicherte Tatsache, um ein physikalisches Gesetz, es steht in allen Berechnungen künftiger Raumfahrtplanung. In meinem Buch »Beweise« können Sie lesen, wie es Professor Lüscher von der Technischen Universität München erklärt. Lassen Sie mich hier nur sagen, wie sich dieses Gesetz in der Praxis auswirkt: Für die Besatzung an Bord eines Raumschiffes, das sich mit annähernder Lichtgeschwindigkeit im Raum fortbewegt, vergeht die Zeit ungleich viel langsamer als für die auf dem Startplaneten zurückbleibenden Bewohner.
Beide hier angedeuteten Möglichkeiten aber errichten eine hohe Barriere vor der Wissensvermehrung! Denn: Im ersten Fall vergehen Jahrzehntausende, bis die langsame Ente am Ziel ankommt. Außerdem können sich im Raumschiff geborene Leute längst an dem Auftrag, mit dem gestartet wurde, vorbeientwickelt haben: Sie zeigen kein Interesse mehr an der Aufgabe, oder sie haben keine Lust mehr, auf den Startplaneten zurückzukehren. Im zweiten Fall liegt die Sache nicht anders: Zwar vergingen für die Besatzung unter dem Gesetz der Zeitverschiebung nur ein paar Jährchen,

aber für die Zurückgebliebenen sausten Jahrzehntausende, wenn nicht Jahrhunderttausende dahin. Wer hat da noch Interesse an Botschaften, die vom Stern B zum Stern A zurückgebracht werden?
Sehen Sie, das sind die Punkte, an denen man nur mit einer mutmaßlich logischen Spekulation weiterkommt. In diesem Sinne gibt es meines Erachtens nur eine einzige Lösung, dennoch kosmisches Wissen über eine fremde Gesellschaft zu erlangen!
Der Auftrag an die Raumschiffbesatzungen muß lauten: Fliegt innerhalb Eurer Lebenszeit alle nur denkbaren Sonnensysteme an! Sucht alle Planeten mit ähnlichen präbiotischen Voraussetzungen auf, wie sie Euer Heimatplanet hat! Und wenn Ihr da irgendwo Leben findet, dann nehmt fortgeschrittenes Leben und mutiert es in Richtung auf *unsere* Intelligenz hin!
Mit diesem System sind Raum und Zeit überwunden. Intelligenz auf fernen Welten wird jetzt ähnlich funktionieren wie die Intelligenz vom Startplaneten. Findet diese Manipulation in mehreren Sonnensystemen statt, dann wird es letztlich möglich sein, *doch* Antworten auf die ursprünglich gestellten Fragen zu bekommen.
Da Sie rundheraus erklärt haben, daß Sie nichts von meiner Theorie halten, werden Sie auch nun wieder fragen: Ja, weshalb denn?
Zwischen den Sonnensystemen liegen nicht nur geographische, sondern auch *zeitliche* Distanzen. Mit der von mir gedachten Lösung aber wird Intelligenz nach dem Ebenbild der Fremden in Raum *und* Zeit ausgestreut... Aussaat im Kosmos! Es gibt ja nunmehr mehrere Startplaneten, die in der *Zeit* strategisch deponiert sind. Ginge man nur von *einem* Startplaneten mit hochentwickelter Intelligenz aus, könnte die Rechnung nicht aufgehen. Setzt man aber Startplaneten mit nunmehr fast gleichen Entwicklungsstufen in

Raum und Zeit, dann erst wird Wissensvermehrung möglich. Raum und Zeit sind überlistet. Überdies versprechen die nunmehr zahlreichen Startplaneten mit entwickelter Intelligenz einen Multiplikationseffekt.
Nehmen Sie bitte an, in dieser Kette von besuchten Sonnensystemen hätte unser Sonnensystem die Nummer 20! Das würde bedeuten, daß 18 andere Sonnensysteme *vor* uns mit derselben Intelligenz infiziert worden sind. Die Sonnensysteme 2 bis 10 sind in ihrer Entwicklung, auf die Erde bezogen, zeitlich derart weit voraus, daß sie selbst schon wieder das Spiel betreiben können, das mit der ersten Landung Außerirdischer auf dem Planeten X begonnen hatte. Die Ausbreitung kosmischer Intelligenz erfolgt nun von mehreren Plätzen aus in alle Richtungen. Eines Tages, wenn wir Weltraumfahrt betreiben können, werden wir es genauso machen. Verlassen Sie sich drauf!

158 Was Sie sagen, bleibt spekulativ, aber es hört sich logisch an. Wer nahm an dem brain-storming teil? Was kam sonst noch dabei heraus?
Zuerst, wer unter anderem daran teilnahm. Da war Dr. Gene Philipps, der Rechtsanwalt aus Chikago, der Präsident und Gründer der Gesellschaft ist, da war der Philosoph Professor Pasqual Schievella aus New York, aus Deutschland der Raketenfachmann Professor Harry Ruppe von der Technischen Universität München, da war aus England der Linguist George Sassoon, aus Freiburg der Wissenschaftler Dr. Siegfried Hermann, aus Australien der bekannte Autor Andrew Tomas, der, wie der SF-Autor Walter Ernsting, bekannt unter seinem Pseudonym Clark Dalton, mein Freund ist.
Auf die Frage: »Weshalb sind wir besucht worden?« gab es noch diese Antworten:
Es war reiner Zufall.

Oder:
Ein fremdes Raumschiff havarierte und suchte die Erde als nächstliegende Zuflucht aus.
Oder:
Es fand ein galaktischer Krieg statt, und eine versprengte Gruppe verschlug es in unser Sonnensystem.
Oder:
Wir wurden zu einer Art von soziologischem Experiment einer höheren Intelligenz ausgesucht.
Oder:
Die Fremden setzten unsere Vorfahren, die symbolischen Adam und Eva, aus irgendwelchen Gründen aus. – Das ist aber nur eine kleine Blütenlese der vielen denkbaren Möglichkeiten, die vorgebracht wurden.

159 Das ist ein Taschenspielertrick! Sie verlagern das Problem der Intelligenzwerdung lediglich auf ein anderes Sonnensystem! Wissen Sie denn etwas dazu zu sagen, wie denn die Lebewesen auf diesem ominösen anderen Sonnensystem, auf Ihrem Startplaneten, intelligent geworden sind? Oder anders gefragt: Wie und wo hat denn das ganze Spiel angefangen?

Wohin man auch denkt, jede Spekulation läuft auf dasselbe hinaus! Wenn wir annehmen, daß wir von einer fremden Intelligenz mutiert worden sind, dann ist auch diese Intelligenz demselben Herstellungsakt unterworfen gewesen. Sie können diese Stafette über Tausende von Sonnensystemen und über Milliarden von Jahren zurückreichen. Irgendwann kommen Sie mit Bestimmtheit an einen Punkt, wo Sie nur noch sagen können: Hier begann die Schöpfung, hier setzt das Walten ein, das die Religionen mit der Schöpferkraft Gott gleichsetzen.
Nehmen Sie einen Bleistift und ein Stück Papier, und schlagen Sie mit einem Zirkel einen Kreis. Geben Sie diesen ge-

schlossenen Kreis einem anderen und fragen Sie ihn: Wo hat es angefangen?! Sie werden keine Antwort bekommen. Die Logik sagt einem, daß auch der Kreis einen Anfang gehabt haben *muß,* aber die Frage, wo dieser Anfang anzusetzen ist, die ist nicht zu beantworten.

*

160 Sie sprechen immer von Gen-Manipulationen, mit denen Außerirdische die frühen Menschen intelligent gemacht haben sollen. Keiner weiß, ob das so war, aber, und das interessiert mich: Arbeitet die heutige Wissenschaft an solchen Gen-Manipulationen?
Und wie! Daran arbeiten Universitäten, daran arbeiten große Industrien... und auch die Militärs sind daran interessiert. Ich weiß, daß der britische Chemiekonzern ICI ein spezielles Forschungslabor für Gen-Manipulationen in Runcorn eingerichtet hat. Es besteht aus hermetisch verschlossenen Räumen, die nur bestimmte Personen betreten dürfen. Es sind alle Vorsorgen getroffen, daß Mikroorganismen niemals ins Freie entweichen können.
Ähnliche Laboratorien gibt es außer in Großbritannien noch in Porton, in den USA in Fort Detrick. Fort Detrick war mal eine militärische Forschungsstätte für biologische Kampfstoffe.

*

161 Sie werden mir ehrlicherweise beipflichten müssen, wenn ich behaupte, daß in Ihren Büchern einige sachliche Fehler enthalten sind. Wo aber Fehler sind, ist das Ganze nicht gut. Für mich war Ihre Theorie gestorben, als ich mir sagen lassen mußte, wo Sie falsch liegen.
Fehler, mein lieber Herr, gibt's überall. Wenn Sie aber eine

ganze Sache verwerfen, weil sie irgendwo Mängel hat, dann dürfen Sie jetzt und künftig überhaupt nichts mehr akzeptieren: Es gibt nämlich nicht mal eine einzige etablierte Wissenschaft, die nicht auch mit ihren Irrtümern leben muß. Keine! Ja ich gehe soweit, zu behaupten, daß die großen Erkenntnisse der Wissenschaften erst durch die Fehler, die sie überwinden mußten, zustande kamen. Wenn Sie eine ganze Theorie ablehnen, weil Sie manche der Indizienbeweise für nicht stichhaltig halten, weil Sie einige Fehler entdecken, dann müssen Sie auch und sogar Ihre eigene Existenz ablehnen, denn die steckt auch voller Fehler. Lassen Sie es uns mit Ihrem Landsmann Alexander Pope halten. Der sagte: »The error is human, to forgive divine!« (»Irren ist menschlich, zu vergeben ist göttlich.«)

162 In Ihrem Buch »Beweise« behaupten Sie, Leben habe sich auf der Erde nicht von selbst entwickelt. Diese Ihre Behauptung stellt den Gipfel der Dummheit dar! Mit einer Arroganz ohnegleichen setzen Sie sich über die Forschungsergebnisse von Tausenden von Wissenschaftlern hinweg. Sie verblöden Ihre Leser, Herr von Däniken, und ziehen ihnen nur das Geld aus der Tasche! Wir haben schon überlegt, ob man Sie nicht wegen Volksverdummung belangen kann!
Und wo bleibt Ihre Frage?

163 Das ist ja die Frage! Jeder halbwegs Gebildete weiß, daß es nicht den allergeringsten Zweifel daran gibt, wie sich einzelliges Leben aus der Ursuppe entwickelt hat!
Ich möchte nicht gern in Ihre Tonlage verfallen, aber vielleicht gestatten Sie mir einige bescheidene Fragen. Darf ich erfahren, was Sie beruflich machen?
Ich bin Professor für Chemie und Biologie an einer höheren Schule.
Das trifft sich ja herrlich! Als Chemiker sind Ihnen auch die

fundamentalen Grundgesetze der Physik geläufig, beispielsweise das Massenwirkungsgesetz. Ich bin Ihnen für eine kurze Erklärung dankbar, *wie* sich denn im Urmeer, oder, wenn Ihnen das lieber ist, in der Ursuppe, mikroskopische Mengen von Aminosäuren *gegen* das Massenwirkungsgesetz zusammenfinden konnten!?

164 Das ist eine der wenigen Fragen, über die sich streiten läßt. Aber: Im Gegensatz zu Ihrer Annahme, daß es sich in der Ursuppe um mikroskopisch geringe, winzige Mengen von Aminosäuren gehandelt hat, kann man auch davon ausgehen, daß es Aminosäuren in Hülle und Fülle gegeben hat. Geht man von diesen Massen an Aminosäuren aus, dann ist es nur logisch, daß sie sich im Laufe der Jahrhunderttausende zu Ketten zusammenfanden!

Moment mal: Woher sollen denn diese Massen von Aminosäuren gekommen sein? Gut, folgen wir Ihrer Annahme, daß es diese Massen je gegeben hat. Dann werden Sie trotzdem zugestehen müssen, daß das gewaltige Urmeer diesen Aminosäureansammlungen um ein Vielfaches überlegen war, sie schier zerdrückt haben muß. Folglich läßt das Massenwirkungsgesetz die unbegrenzte Bildung von Aminosäuren zu Enzymen oder gar zu Proteinen überhaupt nicht zu. Schließlich stehen noch andere, handfeste physikalische Gesetze gegen die bisherige Annahme vom Entstehen des ersten Lebens, beispielsweise die Lehrsätze der Entropie ...

165 Es ist nirgends gesagt, ob Entropie hier anwendbar ist! Betrachtet man die Vorgänge auf der Erde als ein geschlossenes System, dann ständen die Lehrsätze der Entropie tatsächlich gegen die Bildung von Enzymen und Proteinen. Aber: man kann genausogut annehmen, daß die Erde kein in sich geschlossenes System darstellt!

Bravo! Das finde ich gut! Damit beziehen wir die Erde ins

größere System »Weltraum« ein, und das ist exakt das, was ich vorschlage.
Herr Professor, Sie wissen genausogut wie ich, ja, noch besser, weil Sie darauf studiert sind ... Sie wissen, daß sämtliche organischen Moleküle, die am Lebensaufbau beteiligt sind, eine optische Linksdrehung aufweisen. Können Sie mir erklären: Weshalb?

166 *Diese Linksdrehung beruht vermutlich auf dem Zufall, daß sich am Anfang ein reproduktionsfähiges Makro-Molekül aus d-Ribose entwickelte und durchsetzte. Den nachfolgenden Molekülen blieb gar nichts anderes übrig, als sich diesem System anzupassen!*
Herr Professor, Verzeihung! Eine Molekülkette – und von der sprechen wir ja eben, wenn Sie von Makro-Molekülen reden – eine Molekülkette ist tot, sie lebt nicht, und deshalb ist sie auch nicht reproduktionsfähig. In jenem Zustand der Ursuppe, von dem wir reden, war die replikationsfähige DNS noch nicht da. In Ihrer Logik müßte sich jedes einzelne System von Makro-Molekülen der d-Ribose selbständig und von ganz alleine optisch linksdrehend entwickelt haben. Nein, ich bedaure, ich kann das nicht akzeptieren: Sie hantieren nur und ausschließlich mit dem Zufall!

167 *Sie wollen einfach nicht akzeptieren, was andere Forscher längst im Laboratorium wiederholt haben! Ich höre mir den Quatsch nicht länger an, ich gehe!*
Das ist zwar eine seltsame Art von Diskussion, aber ich kann Sie nicht hindern ... Ich mache Ihnen ein faires Angebot: Ich gebe mich sofort geschlagen, wenn Sie mir einen einzigen Forscher nennen, dem es bei Laboratoriumsversuchen gelang, nur und ausschließlich linksdrehende Moleküle zu erhalten. Bei allen Versuchen im Sinne von Stanley Miller ergaben sich stets links- *und* rechtsdrehende Molekülformen, zumindest, soweit mir bekannt ist ...

168 Soll ja meinetwegen alles möglich sein, was Sie hier einwenden, aber das hat dann immer noch nichts mit Ihren Außerirdischen zu tun! Tatsache bleibt, daß in den Nach-Miller-Experimenten Molekülketten entstanden sind, und das genügt schließlich zum Aufbau einer Zelle. Ihre sagenhaften Götter haben dabei nichts zu suchen!

Es ist schade, daß Sie die Türklinke in die Hand nehmen, anstatt diese Debatte weiterzuführen. Ich bin gern bereit, mich zu entschuldigen, wenn ich in Rage geriet, aber Sie haben mich mit Ihrer Aggressivität natürlich gereizt. Hören Sie sich wenigstens dies noch an:

Zum Aufbau einer lebendigen Zelle genügen die Molekülketten alleine nicht! Da sind noch die sehr komplizierten Gebilde der Proteine nötig, von denen selbst Nobelpreisträger Professor Manfred Eigen in seinem Buch »Das Spiel« sagt, daß ihre Existenz, nämlich die der Proteine, an ein Wunder grenze!

Was die Entstehung der lebenden Zelle aus einer endlosen Kette von unvorstellbaren milliardenfachen Zufällen angeht, da lasse ich mich sehr gerne belehren, ich bin schließlich kein Bio-Chemiker! Nur hätte ich es gern, wenn diese Belehrung wissenschaftlich hieb- und stichfest wäre, ich kann nämlich mit dem Hantieren mit Zufällen nichts anfangen... und um Zufälle ginge es ja doch wohl, wenn Moleküle sich selbst ununterbrochen selbst organisieren sollen. Es gibt da noch eine Menge zu sagen, aber ich sehe, Sie möchten nicht weiterdiskutieren. Schade ...

169 Nein, will ich nicht! Werden Sie mit Ihrer Ansicht selig!
Gute Reise! (Lachen)

170 Herr von Däniken, ich habe kein einziges Wort von Ihrem Disput mit dem Professor verstanden, und ich glaube, so ging das den meisten, wenn nicht allen hier. Was war da

mit den Molekülen? Und: Was haben die mit Ihrer Theorie zu tun?
Verzeihen Sie mir, aber da gehen einem ja die Pferde durch... Die Sache ist rasch erklärt: Mehr oder weniger ist sich die ganze Wissenschaft darin einig, daß sich das Leben auf unserem Planeten aus toter Materie, aus toten Molekülen also, entwickelt hat. Diese Moleküle fanden sich zu Molekülketten zusammen, zu Enzymen, zu Proteinen und schließlich sogar zur berühmten DNS! DNS, das ist die Abkürzung für das unaussprechliche Wort: Desoxyribonukleinsäure. Diese DNS besitzt die Fähigkeit der Replikation, sie kann sich verdoppeln. Ist erst einmal DNS entstanden, dann läuft der Rest sozusagen automatisch ab.
Eben, bei der Debatte, habe ich den Zeigefinger *nicht* auf die DNS angelegt, sondern auf das, was zeitlich *vor* dem Entstehen der DNS gewesen und geschehen sein muß. In der bisherigen Annahme lebt man von Zufällen, von nichts als von Zufällen, aber: Es gibt einige strenge, erwiesene physikalische Gesetze, die eindeutig gegen die Annahme von Zufällen bei der Entstehung von erstem Leben sprechen!
Sie wollen mit Recht wissen, was dieser Vorgang mit dem Thema unserer Diskussion zu schaffen hat. Ganz einfach: Ich postuliere die Möglichkeit, daß Leben *absichtlich* oder *zufällig* auf unseren Planeten eingeschleppt wurde. Mit dieser Idee übrigens, die dem Herrn Professor so weh getan hat, bringe ich eine Theorie ins allgemeine Gespräch, die der Nobelpreisträger Francis Crick vor Jahren in die Diskussion einführte.

171 Warum wurde der Professor denn so wütend? Warum hat er Sie so beschimpft?
Genau kann ich Ihnen auch nicht sagen, man kann doch in Ruhe über *alles* sprechen, aber vermutlich hat er Sorge, daß

seine Schüler ihm mit Fragen kommen, die sich ohne Zuhilferuf des großen Zauberers »Zufall« nicht beantworten lassen! Und das, meine Damen und Herren, *könnte* ja den Schülern vielleicht nicht ausreichen.

172 Bekannt ist aber doch, daß vor Jahrmilliarden auf der Erde nichts als Wasser war, und wo Wasser ist, entsteht auch Leben. In der Schule sahen wir mal einen Wassertropfen unter dem Mikroskop, und darin krabbelte es nur so von Bakterien und allem möglichen anderen Zeugs...

Wasser bedeutet nicht unbedingt »Leben«, es gibt schließlich auch steriles Wasser! Auf dem Mars hat man beispielsweise eindeutig Wasser festgestellt... aber: kein Leben!

173 Das ist ja total paradox! Wasser auf dem Mars und kein Leben? Wenn es Wasser gab, muß es doch auch eine Atmosphäre gegeben haben, aus der es geregnet hat. Wo ist denn die Mars-Atmosphäre geblieben?

Ich teile Ihre Meinung, daß Wasser ohne atmosphärische Voraussetzungen schwer denkbar ist. Und dennoch: Die Forschungssonden haben auf dem Mars keinerlei Lebensformen, auch nicht in der primitivsten einzelligen Form, feststellen können.

Man steht hier vor einem Rätsel, befindet sich aber zugleich auch in einer Zwickmühle:

Was die Erde angeht, behauptet man ja, aus Mineralien, Salzen, Aminosäuren und so weiter hätten sich schließlich *zwangsläufig* Makro-Moleküle und Proteine bilden *müssen.* Das versichert mindestens die größte Kapazität auf diesem Gebiet – Professor Manfred Eigen. Er bekam für seine Deutungen immerhin den Nobelpreis. Professor Eigen hält ausdrücklich fest, daß die Verteilung der Atome im Molekül auf statistischen Kraftwirkungen zwischen materiellen Teilen beruht. Das bedeutet etwa, daß negativ und positiv

geladene Teilchen sich anziehen *müssen*, und daß es dadurch unweigerlich zu Molekülketten kommt.
Das aber ist der Witz:
Wäre diese Behauptung richtig, dann hätte man auf dem Mars zumindest primitive Lebensformen finden müssen, denn dort gab es erwiesenermaßen Wasser und einst auch eine Atmosphäre, denn sonst gäbe es eben kein Wasser. Aber, meine Damen und Herren, *trotzdem* existiert kein Leben!
Es bleiben nur zwei Variationen übrig, die, es ist mir fast peinlich, die mir in beiden Fällen recht geben:

1. Makro-Moleküle, Enzyme und Proteine bildeten sich *nicht* zufällig und auch *nicht* unter der Einwirkung irgendwelcher magnetischer Kräfte. Siehe Mars – dort gibt es kein Leben.
2. Auf dem Mars *gab* es einst Leben, es gab auch eine Atmosphäre. Durch irgendwelche Ereignisse sind Leben und Atmosphäre auf oder um den Mars restlos vernichtet worden, der Mars wurde steril. Die NASA-Sonden haben tatsächlich auf dem Mars eine eigenartige und überhöhte Radioaktivität festgestellt.

174 Marsatmosphäre und Marsleben wurden vernichtet...?! Wie soll man sich das vorstellen? Denken Sie da auch an eine künstliche Vernichtung?
Die kann ich nicht ausschließen, aber ich bin mir bewußt, daß eine solche Annahme in den Bereich der Spekulation gehört.
Vor ein paar Monaten las ich im »Bulletin of the Atomic Scientist« die Äußerungen von weltbekannten Physikern: Sie sagen, daß es durchaus möglich wäre, durch eine Serie von Atombombenexplosionen den Sauerstoff in der Luft, aber auch den Wasserstoff in den Meeren sozusagen »anzuzünden«. Unter sehr hohen Druckverhältnissen und Tem-

peraturen von einigen Millionen Graden lassen sich nämlich auch die Atomkerne des Stickstoffs verschmelzen, und von Stickstoff enthält unsere Atmosphäre ja eine ganze Menge. In dem erwähnten Artikel wurde auch behauptet, daß die Stickstoff-Atomkerne unter diesen Bedingungen in einer globalen Kettenreaktion zu Silizium umgewandelt würden. Da Silizium sich nun wiederum mit dem Sauerstoff verbindet, wäre die Folge, daß die ganze Lufthülle der Erde wie feiner Sand herabregnet. Falls diese Annahme stimmt, wäre sie zugleich eine Erklärung für die Situation auf dem Mars!

Ärger noch wird es, wenn Atomexplosionen im Wasser stattfinden! Im Wasser ist nämlich das für eine Kettenreaktion besonders geeignete Wasserstoff-Isotop Deuterium in jeder Menge vorhanden. Außerdem würden in großen Meerestiefen geradezu ideale Druckverhältnisse für eine Kernfusion herrschen.
Kurz: Ich will damit andeuten, daß es ohne weiteres möglich ist, daß eine Zivilisation ihre Planetenatmosphäre wie auch die wesentlichen Bestandteile des Wassers willentlich und buchstäblich »in die Luft jagt«! Der richtige Funke am richtigen Ort genügt für eine tödliche Kettenreaktion. Vielleicht war es auf dem Mars so?! Wer weiß das? Vielleicht findet man deshalb heute da oben kein Leben mehr, wohl aber eine überhöhte Radioaktivität.

*

175 In Ihrem Film »Botschaft der Götter« war ein Totenschädel aus Kristall zu sehen. In dem Film wurde leider nicht gesagt, unter welchen Umständen und von wem der Schädel gefunden wurde. Können Sie darüber etwas sagen?
Bei dem ebenso berühmten wie wunderbaren Kristallschädel handelt es sich um einen Fund, der bei Lubaantun ge-

macht wurde. Lubaantun liegt im tropischen Regenwald von Britisch-Honduras. Der Fundort war ehedem ein Zentrum für Zeremonien der Maya. Nach seinem Fundort bekam die Kostbarkeit ihren Namen: Kristallschädel von Lubaantum. Gefunden wurde er 1930 oder 1935, ich bin mir da im Augenblick in der Jahreszahl nicht ganz sicher. Gefunden von einem Mädchen namens Anna Mitchell-Hedges, das die Stieftochter des berühmten britischen Entdeckers und Archäologen F. A. Mitchell-Hedges war. Der Vater ist vor längerer Zeit gestorben, der Kristallschädel aber ist immer noch im Privatbesitz von Frau Anna Mitchell-Hedges.

Es gibt übrigens einen ähnlichen Schädel wie den aus Lubaantun, der steht im Britischen Museum in London. Der wurde 1889 in Mexiko gefunden, und er ist als »Azteken-Schädel« bekannt. Über diesen Schädel gibt es meines Wissens keine wissenschaftlichen Untersuchungen wie beim Kristallschädel von Lubaantun.

Der nämlich ist sehr gründlich untersucht worden! Und er war von Ende 1972 bis März 1973 Mittelpunkt einer Ausstellung des »Museum of the American Indians« in New York.

Bevor dieses eindrucksvolle Objekt ausgestellt wurde, war es von dem amerikanischen Restaurator und Konservator Frank Dorland untersucht worden. Die chemischen und mikroskopischen Tests besorgte die Firma Hewlett-Pakkard Company, die mit ihrem Stammsitz in Santa Clara in Kalifornien zu den führenden Elektronikkonzernen in den USA gehört – Hewlett-Packard unterhält ein Speziallabor für Kristallurgie.

Die Schädeloberfläche wurde mit den diffizilsten Mikroskopen abgesucht, mit Strahlen abgetastet, die noch die feinsten Unebenheiten registierten. Es wurden keinerlei Hinweise dafür entdeckt, daß an dem Schädel je mit einer

Maschine gearbeitet worden wäre! Man fand auch keine Indizien dafür, daß der Schädel unter großer Hitzeeinwirkung behandelt worden wäre! Denkbar wäre das, denn Quarz läßt sich bei relativ hohen Temperaturen schmelzen – *aber:* Wenn das geschehen wäre, ließe sich das heute noch mit den hochempfindlichen Apparaten unschwer feststellen!
Da der Schädel aus *einem* Stück Quarz gearbeitet ist, nehmen die Wissenschaftler an, daß der Schädel durch Handpolitur seine Form bekommen hat. Ein ungeheurer Gedanke, wenn man weiß, daß dann etwa 300 Jahre *ununterbrochener* Arbeit nötig gewesen ist! Es hätten zehn Generationen jeweils 30 Jahre lang an dem Schädel herumpolieren müssen!
Nun ist Quarz aber kein Material, das sich beliebig bearbeiten läßt! Es »wächst« in Rhomben, die sich quasi spiralförmig ordnen und dadurch Achsen entstehen lassen, die bei der Bearbeitung berücksichtigt werden müssen. Wenn gegen die Achsen gearbeitet wird, zersplittert das Mineral. Das weiß die Technik, die mit Quarz umgeht – beispielsweise bei Quarzuhren – *aber:* Tatsächlich ist der Schädel von Lubaantun *gegen* die Achse bearbeitet worden... Eigentlich ein Ding der Unmöglichkeit!
Frank Dorland entdeckte noch andere Raffinessen des Schädels. Beleuchtet man ihn von unten, dann strahlt der Schädel, »als stände er in Flammen«. Wenn der Schädel behutsam auf den Unterkiefer gesetzt wird, dann bewirken ausgeklügelte und nicht identifizierbare Balancepunkte, daß sich der Schädel beim leisesten Lufthauch bewegt! Das und noch mehr kann dieses massive Stück Quarz!

176 Wie alt ist der Schädel?

Alter läßt sich bei Kristallen nicht so genau festlegen, im Expertenbericht steht, daß der Schädel zwischen zwei- und zwölftausend Jahre alt sein muß.

*

177 Sie nennen Ihr neues Buch BEWEISE. Was Sie darin bringen ist doch alles andere!
Verzeihen Sie mir, wenn ich annehme, daß Sie nachplappern, was Sie in irgendeiner Zeitungskritik gelesen haben. Mit gutem Grund gab ich dem Buch *nicht* den Titel: DER BEWEIS. Ich setzte ein Wort ohne Artikel und im Plural: BEWEISE. Mit Absicht. Denn: Ich stelle einleitend klar, daß ich einen Indizienbeweis führe. Indizienbeweise sind in der Juristerei absolut zulässig, das wissen Sie. Genauso sind sie in der Wissenschaft gang und gäbe! Ich liefere ein Bündel von Beweisen! Archäologie, Ethymologie und verwandte Wissenschaften sind sogenannte Sammelwissenschaften. Sie produzieren allesamt Indizienbeweise am laufenden Meter. Haben Sie – oder einer meiner professionellen Kritiker – je gegen diese zulässige Methode protestiert? Natürlich nicht, denn das ist ein legitimes Verfahren.
Die Indizienkette in BEWEISE ist durchaus haltbar! Allerdings sollte man das Buch nicht nur so obenhin lesen – man sollte ein bißchen *mit*denken.

178 Welche Ihrer Indizien halten Sie für die stärksten in der Kette?
Sie könnten mich genausogut fragen, trinken Sie lieber Whisky oder Wein! Das hängt von den Umständen ab. Richtiger: von dem Standort, den Sie einnehmen... und es hängt natürlich auch von dem speziellen Wissen des Lesers oder Fragestellers ab, vom besonderen Interessengebiet.
Auf Ihre Frage: Ich unterscheide grundsätzlich zwischen den optischen Indizien, also solchen Belegen, die man sehen und anfassen kann, und dann dem großen Block von Indizien, die in Überlieferungen – in heiligen Schriften, Volkslegenden, Märchen und Mythologien – die also in alten Texten zu finden sind.
Unter den optischen Indizien gebe ich der Grabplatte von

Palenque, der Antarktiskarte des türkischen Admirals Piri Reis einen gleich hohen Stellenwert wie den Strohgewändern der brasilianischen Kayapo-Indianer und den Katchina-Puppen der nordamerikanischen Hopi-Indianer. Und natürlich den zahllosen Darstellungen von behelmten, raumfahrerähnlichen Wesen, wie sie an Felsen und in Höhlen oder in Reliefs oder als Skulpturen erhalten geblieben sind.

Unter den Überlieferungen scheint mir fraglos die sensationelle Entdeckung vom exakten Wissen der Dogon-Neger über das Sirius-B-System von unbestreitbarer Qualität!

Haben Sie das Buch des vorsintflutlichen Propheten Henoch gelesen?

Kennen Sie die Beschreibungen des Raumschiffs, das der Prophet Hesekiel sah?

In meinem Buch BEWEISE nahm ich Abrahams Himmelfahrt als blitzendes Prunkstück in meine Beweiskette auf! Haben Sie diese Schilderung richtig in sich aufgenommen? Abraham wurde von den »Engeln« bis an der »Feuerflammen Grenze« geführt. Dann gab es »Rauch wie Rauch aus einem Ofen«, als er »so wie mit vielen Winden« in die Lüfte getragen wurde. – Über dem Firmament brachte man Abraham an einen Ort, der »wie Feuer glänzte«. Dort hielten sich, hören Sie genau hin!, dort hielten sich Gestalten auf, die in fremder Sprache redeten. – Dieser eigenartige »Ort« drehte sich langsam um die eigene Achse. Und Abraham stellte eindeutig fest – ich zitiere: »Ich aber wünschte, auf die Erde *niederwärts* zu fallen. Der *hohe* Ort, worauf wir standen, bald stand er aufrecht, bald aber drehte er abwärts!« Zitatende.

Es ist doch wahrhaftig keine Phantasie nötig, in dieser Schilderung eine Weltraumstation zu erkennen oder ein Raumschiff, das sich im Orbit um die Erde befindet und sich um die eigene Achse dreht! Abraham sagt klipp und klar,

daß er sich an einem »hohen Ort« befindet und auf die Erde »niederwärts« zu fallen wünscht.
Übrigens: Auch die Passagen in Überlieferungen, in denen Zeitverschiebungseffekte geschildert werden, sind unwiderlegbar!

*

179 Die Abbildungen, die Sie während Ihres Vortrags gezeigt haben, stammen von verschiedenen Kontinenten und aus unterschiedlichen Zeiten, ich meine, daß man die Objekte völlig unterschiedlich datiert. Deshalb können und dürfen Sie diese kunterbunt zusammengetragenen Indizien doch gar nicht für Ihre Göttertheorie verwenden! Wenn man nämlich weiß, aus welchen Kulturen und Zeiten Ihre sogenannten Indizien stammen, dann müßte es praktisch Dauerbesuche von Göttern gegeben haben. Was sagen Sie zu den unterschiedlichen Datierungen?
Zunächst einmal, daß Sie mit der Feststellung der unterschiedlichen Datierungen völlig recht haben! Palenque beispielsweise datiert etwa 600 nach Christus, der Prophet Hesekiel nach 590 vor Christus, der Prophet Henoch wird noch früher angesetzt, und das sumerische Gilgamesch-Epos könnte man sogar auf 3000 vor Christus ansetzen, und eine stolze Reihe von Felszeichnungen liegt noch weiter zurück. Die Datierungen sind unterschiedlich.
Warum?
Meine bisherigen Recherchen geben mir Grund zu der Annahme, daß mindestens drei Götterbesuche stattgefunden haben. Der erste Besuch ist überhaupt nicht datierbar, er müßte dort angesetzt werden, wo sich der Homo sapiens radikal und endgültig von der Affenfamilie getrennt hat. Einen zweiten Besuch vermute ich irgendwann zwischen dem dritten und vierten Jahrtausend vor Christus... und den jüngsten und dritten Besuch in biblischen Zeiten.

Und nun kommt der Haken! Es ist ja keineswegs sicher, ob unsere Datierungen überhaupt stimmen. Die Geschichte der Archäologie lehrt, daß immer neue Datierungen fällig sind und daß sie meistens weiter zurück in die Vergangenheit weisen. Noch vor wenigen Jahren – um nur ein Beispiel zu nennen – noch vor einigen Jahren nahm man an, die »hängenden Steine« von Stonehenge bei Salisbury in England wären zwischen 1900 und 1700 vor Christus entstanden. Inzwischen hat man entdeckt, daß Stonehenge älter als die Cheopspyramide sein muß!
Es ist ein rechtes Kreuz mit den Datierungen! Auch wenn ich für Palenque annehme, daß die Datierung richtig ist, daß also die alte Maya-Stadt wirklich rund 600 nach Christus in höchster Blüte gestanden hat, dann weiß ich doch immer noch nicht, ob das *Motiv* auf der Grabplatte nicht viel, viel älter ist!
Auch ist es nicht nur möglich, sondern sogar höchst wahrscheinlich, daß Götterberichte und Götterüberlieferungen erstmal von Generation zu Generation *mündlich* weitergegeben wurden und erst von späteren Künstlern dargestellt oder von Schriftstellern, also nach Erfindung einer Schrift, festgehalten wurden. Der echte, der wirkliche Ursprung der Ereignisse liegt noch völlig im dunkeln.
Ich meine aber, daß es vorerst wichtiger ist, möglichst viele und viele möglichst überzeugende Indizien zusammenzutragen. Natürlich kann eine Datierung versucht werden – auf die Gefahr und Wahrscheinlichkeit von Korrekturen durch neuere und exaktere Forschungen hin! Keinesfalls sollte man aber, wenn widersprüchliche Datierungen aufkommen, die Indizien über Bord gehen lassen. Sie sind sozusagen zeitlos und behalten unter jedem Datum ihren signifikanten Wert. Es wäre schön, wenn Sie diese Ansicht teilen würden!

*

180 In Ihrem Buch »Erinnerungen an die Zukunft« haben Sie behauptet, die alten Ägypter hätten die Mumifizierung Verstorbener betrieben, damit diese später irgendwann von fremden Astronauten wieder aufgeweckt werden könnten. Herr von Däniken, das ist doch totaler Unsinn! Wenn Sie nur einigermaßen eine Ahnung von den ägyptischen Mumifizierungen hätten, müßten Sie wissen, daß man den Leichen vor der Mumifizierung die Gehirne aus den Schädeln herauskratzte. Da kann doch von späterer Wiederbelebung wirklich keine Rede sein!

Ich habe das nicht »behauptet«, sondern als Denkmöglichkeit vorgeschlagen, und zu diesem mehr als zehn Jahre alten Vorschlag stehe ich heute mehr denn je. Gerade die Tatsache, daß man den Körpern vor der Mumifizierung die Eingeweide entnahm und, wie Sie sagen, die Gehirne herauskratzte, um sie in Keramiktöpfen in Öl separat aufzubewahren, bestärkt mich in meiner Annahme.

Die Außerirdischen, denen die Gesetze der Zeitverschiebung bekannt waren, wußten, daß sie die Möglichkeit hatten, nach Jahrtausenden wieder auf die Erde zurückzukehren. Da sie auch, meiner Überzeugung nach, über biologische Kenntnisse verfügten, die wir eben erst erwerben, versprachen sie – vielleicht einem gelehrigen Schüler, einem König oder Pharao – daß sie ihn nach Jahrtausenden wiedererwecken könnten, wenn er dafür sorgen würde, daß zumindest einige seiner Körperzellen lebendig die Zeiten überdauern würden.

Heute wissen wir, daß in jeder einzelnen Zelle das gesamte DNS-Programm für den Aufbau des ganzen Körpers enthalten ist. Überlebt also eine einzige, intakte lebende Zelle der mumifizierten Person die Jahrtausende und fällt den Göttern in die Hände, dann können sie genau den gleichen Körper wiederentstehen lassen. Bis zum letzten Härchen, bis zur Augenfarbe und zu den Fingernägeln! Die heutige

Wissenschaft nennt die Methode, aus einer Zelle identische Nachkommen herzustellen, das »Cloning-Verfahren«. Ich bewege mich also mit meiner Hypothese auf dem Boden wissenschaftlich verifizierter Möglichkeiten.
Doch was würde die Außerirdischen ein lebendiger Körper nützen, der zwar genauso aussieht wie der einst Verblichene, aber von Erziehung und Wissen her eine völlig andere Persönlichkeit ist? Wenn Mühen und Aufwand einen Sinn haben sollten, dann wollten die Außerirdischen den wiedererstandenen Menschen über seine Lebzeiten befragen. Deshalb mußten im neuen, mit dem alten identischen Körper auch dessen Gehirn wieder dasselbe Wissen enthalten, wie es in ihm früher gespeichert wurde. Wie wäre das zu realisieren?
In meinem Buch »Zurück zu den Sternen« wies ich auf Experimente hin, die mit sogenannten Gedächtnismolekülen gemacht wurden. Ich sprach damals von Blattwürmern und Goldfischen, deren Gehirnmasse zu einer farblosen Flüssigkeit zentrifugiert wurde – sozusagen auf Flaschen gezogenes Gedächtnis. Diese Flüssigkeit injizierten Wissenschaftler ganz jungen Blattwürmern und Goldfischen. Siehe da! Sofort verhielten sich die Jungen wie die verstorbenen Alten. Das heißt: Sie verfügten auf der Stelle über die Erfahrungen der Alten, ja, sie beherrschten sogar Dressurprogramme, ohne daß sie ihnen neuerlich beigebracht worden wären. Mittels Gedächtnismolekülen wurde gehortetes Wissen übertragen! – Vielleicht haben Sie in der Zeitung gelesen, daß die einschlägige Forschung bereits von Gedächtnispillen spricht. Wenn man daran denkt, wieviel unerhörtes Wissen mit dem Tode großer Geister verlorengeht, scheint mir diese Entwicklung einen durchaus erfreulichen Aspekt zu haben...
Wenn also, wie ich annehme, die ägyptischen Mumifizierungen darauf hinausliefen, nach Jahrtausenden Körper

wiederzuerwecken beziehungsweise aus den in noch intakten Zellen vorgegebenen DNS-Mustern wiederaufzubauen, dann wäre es doch nur hundertprozentig logisch, das Gehirn separat vom Körper aufzubewahren. Der Körper ließ sich nach dem Cloning-Verfahren »restaurieren« – das neue Gehirn mußte aus den Gedächtnismolekülen des alten Gehirns gewonnen werden!
Im übrigen verwies ich in »Erinnerungen an die Zukunft« ausdrücklich auf die ersten und ältesten Mumifizierungen, ich stellte sie in deutlichen Gegensatz zu den späteren Massenmumifizierungen, als offenbar jeder glaubte, er wäre ebenfalls zu einer Wiedergeburt auserwählt.
Und wenn mir einer sagt, daß Cloning-Verfahren sei blanke Utopie, dann muß ich den Zweifler auf die Tatsache verweisen, daß der Biochemie-Professor Howard Goodman von der University of California es im Frühjahr 1977 erfolgreich praktizierte.

*

181 Laut Bibel hat Jesus gesagt: »In meines Vaters Haus sind viele Wohnungen.« Jesus hat auf der Erde Wunder gewirkt und ist dann, wieder laut Bibel, zum Himmel aufgefahren. – Könnte Jesus ein Astronaut von einem fremden Planeten gewesen sein?
Nein. In meinem Buch »Erscheinungen« habe ich zu dieser vielgestellten Frage Stellung genommen. Bitte, lesen Sie meine detaillierte Antwort dort nach. – Um es kurz zu machen:
Jesus war kein Astronaut und hatte mit einer außerirdischen Zivilisation weniger zu tun, als ein Mensch von heute mit dem Neandertaler. Sie müssen wissen, daß lange Zeit vor Jesus andere irdische Gestalten gen Himmel aufgefahren sind. Denken Sie nur an den vorsintflutlichen Propheten

Henoch! Oder: Erinnern Sie sich an die Himmelfahrt des Propheten Elias! Im indischen und arabischen Raum gibt es mehrere solcher »Himmelfahrten«. Meine Ansicht: Nach dem Tode ihres Führers konnten sich die ersten Christen einfach nicht vorstellen, daß Jesus, der Unsterbliche, endgültig tot und von der Erde für immer verschwunden sein sollte. Deshalb kam das Märchen von seiner Himmelfahrt ins Evangelium.
Wie gegensätzlich selbst in der Bibel diese Himmelfahrt geschildert wird, untersuchte ich mit Textvergleichen für mein Buch »Erscheinungen«. Daraus lese ich Ihnen vor:
»Der Evangelist Matthäus weiß überhaupt nichts von einer Himmelfahrt. Markus hat nur einen Satz für das wichtige Ereignis: ›Der Herr Jesus nun wurde, nachdem er zu ihnen geredet hatte, in den Himmel emporgehoben und setzte sich zur Rechten Gottes‹. – So einfach war das.
Lukas läßt Jesus selbst die Jünger ›hinaus bis gen Bethanien‹ führen. Während er sie segnete, ›schied er von ihnen und fuhr gen Himmel‹.
Johannes weiß nichts von einer Himmelfahrt!«
Bitte versetzen Sie sich doch mal in die Lage der Jünger. Für sie muß doch die Himmelfahrt ihres Meisters ein ungeheures Ereignis gewesen sein! War er doch vor großer Öffentlichkeit gekreuzigt worden und nach drei Tagen von den Toten wiederauferstanden! Und nun, sensationell, fährt er vor aller Augen in den Himmel hinauf! Außer den Nächstbeteiligten muß doch ganz Jerusalem dieses Ereignis beobachtet haben, es fand doch nach einem Sensationsprozeß statt... wenn es stattfand. In keiner zeitgenössischen Quelle wird es erwähnt, und die beiden Evangelisten, die überhaupt am Rande davon sprechen, die nur mit einem Satz von dem unerhörten Ereignis Notiz nehmen, die tun das dann auch noch widersprüchlich, während Matthäus und Johannes offensichtlich überhaupt nichts davon wissen.

Warum hat denn nicht ein einziger jüdischer Schriftsteller oder Chronist der damaligen Zeit das Ereignis auch nur mit einem Wort erwähnt? – Weil es in Wirklichkeit nicht stattgefunden hat.

*

182 *Es ist in Mode gekommen, sich mit Indianern zu beschäftigen. Nun, ich freue mich sehr darüber, denn ich mag Indianer. Ich weiß aber nicht recht, was Indianer mit Besuchern aus dem Weltall zu tun haben. Nehmen Sie nur an der Mode teil?*

Nein. – Indianer haben Mythologien, die oft über Jahrtausende hin unverfälscht erhalten blieben. Sie haben sie sich über Generationen weg weitererzählt, sie haben nach uralten Vorbildern Ritualkleidung und Ritualmasken hergestellt, sie führen Ritualtänze auf, sie beherrschen die ganz alten Gebete, Indianer sind sogar oft noch in der Lage, Felszeichnungen klipp und klar, ohne alles wissenschaftliche Getue, zu entziffern, selbst dort, wo unsere Archäologen von Rätseln sprechen!

Mir sind aus eigenen Begegnungen mindestens zwei Indianerstämme bekannt, die eindeutig behaupten, von Wesen aus dem Weltall besucht worden zu sein. Beide Indianerstämme »belegen« heute noch den damaligen Besuch, indem sie Tänze zu Ehren der Außerirdischen aufführen..., und dabei tragen sie Ritualgewänder, die den Außerirdischen nachgebildet sind. Diese Gewänder sehen haarscharf aus wie stilisierte Astronautenkleidung unserer Tage, aber es gibt sie bei den Indianern seit urlangen Zeiten. Sie haben sich nicht modisch gewandelt!

Die beiden Beispiele – es handelt sich um die Kayapo-Indianer in Brasilien und um die Hopi-Indianer in Arizona –, beide Beispiele sind fotografiert in meinen Büchern »Aussaat und Kosmos« und in »Meine Welt in Bildern«, und wenn Sie's lieber in Aktion haben möchten, dann sehen Sie das in dem Film »Botschaft der Götter«. Übrigens erlaubte der Häuptling erstmalig, daß die Zeremonien gefilmt werden durften. Ich verstehe mich sehr gut mit dem klugen Mann.

*

183 Herr von Däniken, mir ist da eine Sache aufgefallen... Als der Prophet Hesekiel zum erstenmal den Fremden begegnete, bekam er von ihnen etwas, das süß wie Honig war. In der geheimen Offenbarung des Johannes fand ich einen ähnlichen Hinweis. Und im Buch Henoch habe ich gelesen, daß der Prophet angeblich »ein Buch« zu essen bekam, das auch honigsüß schmeckte. Könnte es nicht möglich sein, daß Außerirdische einigen ausgesuchten Vorfahren Gedächtnismoleküle verabreichten?

Ich kenne die Passagen, die Sie aufzählen, und noch einige sehr ähnliche Texte aus Mythologien dazu. Ich habe mir die gleiche Frage gestellt wie Sie! Denn: Unübersehbar sind Fälle, in denen unsere erstaunten Vorfahren etwas zu essen bekamen, das – in der Wirkung! – sowohl eine Droge wie Gedächtnismoleküle gewesen sein könnten. Mich macht noch eine weitere Tatsache stutzig: Propheten wie Esra, Hesekiel oder Henoch machen in ihren Berichten ungeheuer präzise Angaben – sehr oft auch in Zahlen. Beispielsweise Henoch im astronomischen Teil seines Buches oder Hesekiel mit den Messungen des Tempels, den er sah. Es ist kaum vorstellbar, daß ein Mensch derartige Ziffernreihen nach einmaligem Anhören im Kopf behält, auswendig behält, all das also, was man in den Prophetenbüchern nachlesen kann. Die Ausgabe einer, sagen wir, Speise, und die phänomenalen Gedächtnisse: Diese beiden Fakten le-

gen den Gedanken nahe, daß hier keine Speise, sondern eine Gedächtnisdroge verabfolgt wurde.
Ich will hier keine Schleichwerbung machen, aber man kann ja heute in jeder Apotheke Präparate kaufen, die das Gedächtnis aktivieren. Vielfach las man, daß Kindern, die sich schwer tun in der Schule, daß denen mit Glutaminsäure geholfen werden kann. Das ist eine Aminosäure, die in eiweißhaltigen Nahrungsmitteln enthalten ist und die, natürlich konzentriert, auf das Gedächtnis wirkt. Eine sanfte Gedächtnisdroge ist also bereits im Handel!
Die Wissenschaft weiß längst, daß es Gedächtnismoleküle gibt, sie weiß sogar – und sie hat es experimentell nachgewiesen! –, sie weiß sogar, daß durch eine Transplantation von Gehirnmasse die Übertragung von Wissen und Verhaltensweisen möglich ist. In meinem Buch »Zurück zu den Sternen« habe ich über diese Versuche berichtet. Neben anderen Forschungsstätten konnte auch das Max-Planck-Institut in Frankfurt das Vorhandensein von Gedächtnismolekülen nachweisen. Mit einem Laboratoriumsversuch. Die Forscher setzten kleine Fische – ich glaube, das waren Rotfedern – in ein Testaquarium. Sie reicherten das Wasser mit Deuterium an, das ist das, was als »Schweres Wasser« bekannt ist. Schon nach kurzer Zeit hatten die Fische begriffen, in welcher Kammer des Aquariums sich das Futter befand. Die anderen Fische, die man in gewöhnlichem Wasser schwimmen ließ, begriffen es nie! Warum nicht? Nun, innerhalb körpereigener Wasserstoffatome bilden Deuteriumatome festere chemische Verbindungen. Vereinfacht gesagt: Durch eine »Droge« wurden die Fischgehirne stimuliert, wurden sie kompakter und leistungsfähiger gemacht.
Wissen und Verhaltensweisen, ich sagte es schon, können auch durch Transplantation von Gehirngewebe embryonalen Zustands »überliefert« werden. Mir wurden Versuche

bekannt, die man mit afrikanischen Fröschen ausführte. Da gibt es den Krallenfrosch. Der holt sich seine Nahrung aus dem Wasser, indem er es durch seine Kiemen fließen läßt, ganz ähnlich wie der Walfisch. Und da gibt es den Zwergkrallenfrosch, den kleinen Bruder des Krallenfrosches. Dieser kleine Kerl ist ein ausgesprochener Räuber: Er ernährt sich durch Jagd!
In diesem Punkt setzte der Versuch ein: Sobald bestimmte embryonale Teile der Hypophyse, des Gehirnanhangs, vom Krallenfrosch auf den Zwergkrallenfrosch transplantiert, verpflanzt, werden, sobald das geschehen ist, kann man Erstaunliches beobachten! Der Krallenfrosch macht zwar immer noch die typischen Maulbewegungen des Saugens wie früher, als er die Nahrung durch seine Kiemen holte, zugleich aber fängt er plötzlich an zu jagen – wie sein kleiner Bruder, er geht auf Mücken und anderes Ungeziefer los! Das Verhalten des Zwergkrallenfrosches wurde via Gehirntransplantation übertragen!

184 Und was passiert, wenn ein derartig veränderter Frosch Nachwuchs kriegt? Verhalten sich die Jungen wieder normal?
Da bin ich im Moment überfragt, ich müßte das in meinem Archiv nachlesen. Geben Sie mir nachher Ihre Adresse. Wenn ich wieder zu Hause bin, lasse ich Ihnen gern eine Fotokopie des wissenschaftlichen Reports anfertigen und schicken!

*

185 Ich habe gelesen, daß die Geschichte von Noah und seiner Arche, wie sie in der Bibel steht, keine Originalgeschichte sei. Stimmt das?
Was Sie gelesen haben, ist richtig. Sie werden sich erinnern,

daß die Sintflut-Geschichte der Bibel in der dritten Person abgehandelt wird: Und Noah ging ... Und Noah tat ... Und Noah baute und so weiter.
Niemand bestreitet, daß das sumerische Gilgamesch-Epos viel älter als die Bibel ist: Dort findet man die Sintflut-Geschichte wieder, diesmal aber in der ersten Person erzählt, also in der Ich-Form! Da berichtet der Überlebende höchst persönlich! Er heißt Utnapischtim, und was da ein Augenzeuge erzählt, scheint mir viel vernünftiger als die spätere Bibel-Schilderung. Während es in der Bibel heißt, Noah habe Tiere einer jeglichen Art in seine Arche mitgenommen, berichtet Utnapischtim, er habe »Handwerker einer jeglichen Kunst« sowie Samen von allen Gewächsen mit ins Schiff genommen. Übrigens bekam Utnapischtim von einer Göttin eine Vorwarnung!
In der sumerischen Sintflut-Version regnet es nur sechs Tage und sechs Nächte – nicht, wie in der Bibel, vierzig Tage und vierzig Nächte. Im Gilgamesch-Epos wird überliefert, daß es sich um eine »Sturmflut« handelte, und daß es stille wurde »wie nach einer Schlacht«, als sie vorbei war. Als Utnapischtim die Luke des Schiffes öffnete und die fürchterlichen Verwüstungen ansah, die die Sturmflut angerichtet hatte, setzte er sich hin und weinte vor Verzweiflung. Mir machte dieser Text einen so großen Eindruck, daß ich ihn mir einprägte. Dort heißt es: »Ich warf mich nieder, ich setzte mich hin und weinte, ich weine, und meine Tränen strömen herab über mein Angesicht. Ich blickte hin auf die weiten Wasserböden, laut schrie ich, daß alle Menschen umgekommen waren.«

186 Es wurde bewiesen, daß diese Flutsage nur ein lokales Ereignis betraf, nämlich den Kontinentalbruch, der einige hundert Meilen rechts und links vom heutigen Suezkanal verläuft. Von einem Weltuntergang durch eine Sturmflut kann nicht die Rede sein!

Da kann ich Ihre Meinung nicht teilen! Natürlich ist mir die Version des Kontinentalbruchs und der nur lokalen Überschwemmung auch bekannt, doch mir sind *auch* die vielen Flutsagen rund um die Erde bekannt! Und die Fülle dieser Berichte spricht gegen das lokale Ereignis!
Als Europäer zum erstenmal auf die Kanarischen Inseln kamen, begegneten sie dem Eingeborenenstamm der Guanchen. Guanchen sagt etwa dasselbe wie »Menschen« aus. Diese Guanchen waren in höchstem Maße erstaunt, andere Menschen zu sehen, denn sie hielten sich selbst für die einzigen Überlebenden der großen Flutkatastrophe, die ihrer Meinung nach vor Jahrtausenden die übrige Welt zerstört hatte.
In den Überlieferungen der Azteken, aber auch der Maya, gibt es drei Epochen, und jede endete mit einer schrecklichen Katastrophe, mit einer großen Überschwemmung nämlich, und die nannten die Azteken »Hun Esil«. Sie wußten, daß sämtliche Wälder von Wasser bedeckt waren.
Südamerikas Indianerstämme berichten auch von einer weltweiten Flut. Der Stamm der Guarani, der heute in Paraguay lebt, weiß aus uralten Zeiten zu berichten, aus Zeiten, in denen die Götter noch da waren, daß damals die Medizinmänner plötzlich im Norden ein helles Licht gesehen hätten, aber das Licht wäre kein Licht, sondern es wären berghohe Wellen gewesen, die mit großer Schnelligkeit heranrollten. Mit einer Ausnahme sei das ganze Volk ertrunken: Eine Familie habe sich auf einem Floß auf einen Berg gerettet.
Die Navajo-Indianer im heutigen Arizona berichten, eines Morgens sei ein fürchterlicher Wind aufgekommen, und von Osten her sei etwas aufgetaucht, das einer hohen und steilen Felswand geglichen habe, aber es sei Wasser gewesen. Diese Wasserwand habe den ganzen Horizont bedeckt und alles unter sich begraben.

Auch in Polynesien gibt es diese Flutmythen. Da hatte der Gott Tangaloa großen Zorn über die Menschen, die er selbst geschaffen hatte, und um sie zu strafen, tauchte er schließlich das ganze Land unters Meer, selbst die höchsten Berge.
Nein, mein Herr, es war kein lokales Ereignis, Sintflutsagen, also Ereignisberichte, gibt's rund um den Globus. In meiner Bibliothek habe ich ein Buch, der Titel ist mir entfallen, in dem alle Sintflutsagen zusammengefaßt sind. Nein, nein, es muß eine weltweite Katastrophe gewesen sein.

187 Beweise! Beweise, Herr von Däniken...
Die übereinstimmenden Mythologien lassen sich durch Meeressedimente belegen, aber auch durch die Funde von Meerestieren an völlig »unmöglichen« Orten! Auf der bolivianischen Hochebene, 4000 m hoch, findet man Versteinerungen von Schalentieren, die nur im Meer gelebt haben können. Ich erinnere mich gut daran, wie wir als kleine Buben beim Dorf Benken, das liegt zwischen Schaffhausen und Zürich, wie wir Haifischzähne suchten... und auch fanden! O nein, mein Herr, es kann sich nicht um Überbleibsel des sogenannten Urmeeres handeln, denn im Urmeer gab es bekanntlich keine Haifische!

188 Wie soll man sich denn die Entstehung einer derart katastrophalen Flut vorstellen? Ist so was heute noch möglich?
Möglich schon. Wenn aus irgendwelchen Gründen die Erdachse kippen würde, dann würde eine verheerende Flutwelle um den Globus rasen. Es könnten auch die Eismassen an den Polen auf natürliche, vielleicht auch auf gewollte Weise auftauen: Der Meeresspiegel würde um 30 m oder mehr angehoben werden, alle Küstenstädte wären im Eimer. Gewaltige Erdbeben oder gigantische H-Bomben, die in den Meeren gezündet werden, könnten Springfluten auslösen.

189 Kann die Sintflut was mit dem überraschenden Säugetiersterben zu tun haben?
Welches Säugetiersterben meinen Sie?

190 Ich habe doch gelesen, daß man in Alaska und in Südamerika und noch anderswo ganze Rudel von verendeten Tieren gefunden hat, die alle auf einmal umgekommen sein sollen. Kann da nicht die Sintflut schuld dran sein?
Leider kann ich Ihnen darauf keine Antwort geben, wenn mich auch diese sogenannten Tierfriedhöfe eine ganze Weile sehr beschäftigt haben. Was die wirkliche Ursache für den plötzlichen und gleichzeitigen Tod von Tausenden und Abertausenden von Säugetieren an jeweils einem Ort gewesen ist, das weiß bis zu dieser Stunde niemand!

(Zwischenrufe:
»Von was reden Sie eigentlich?«
»Worum geht es?«)

Ja, um dies geht es: An verschiedenen Orten in Alaska und Sibirien liegen auf kleinstem Raum viele tausend Tierkadaver. Nördlich von Fairbanks in Alaska zählte der Archäologe Frank Hibben von der Universität in Neu-Mexiko rund 2000 Kiefer- und über 5000 Mittelfußknochen einer *einzigen* Bisonart. Es gibt Gebiete, wo Fleisch, Knochen und Häute von Wölfen, Bären, Mammuts, Pferden und Mastodonten – das sind ausgestorbene Rüsseltiere – in einem unentwirrbaren Knäuel von Moosen, Baumresten, Eis und Dreck verfilzt gefunden wurden.
Diese Masse aus Tierresten und Erdbewuchs läßt darauf schließen, als hätten sich die Tiere bei einer ganz plötzlichen Katastrophe an einem Ort versammelt und seien dann sekundenschnell von Blitzen hingemäht worden. Diesen Wirrwarr, dieses Knäuel von Tierresten, findet man auch in den hartgefrorenen sibirischen Böden von Indigirka, Kolyma und auf einigen Inseln bei Nowosibirsk.

In Alaska wurden die Mägen erfrorener Mammuts geöffnet, sie enthielten tiefgekühlte Blätter und Gräser, die die Tiere noch kurz vor ihrem plötzlichen Ende gefressen hatten.

Ich will es bei diesen Beispielen von Tierfriedhöfen bewenden lassen. Es wurden im Laufe der letzten Jahrzehnte verschiedene Theorien angeboten, aber sie wurden alle wieder verworfen, nicht eine einzige war stichhaltig. Da sprach man von einer langsamen Klimaveränderung. Nun, wenn es sich um eine *langsame* Klimaumstellung handelte, dann wurden die Tiere ja *nicht* überrascht. Wenn es allmählich in Fairbanks kalt geworden wäre, dann hätten sich die Herden südwärts begeben. Für eine *plötzliche* Klimaveränderung gibt es aber keine vernünftige wissenschaftliche Erklärung. Schon deswegen nicht, weil sich dieses plötzliche Massensterben von Tieren nicht in einem begrenzten geographischen Raum ereignete, sondern gleichzeitig an mehreren Punkten auf der Erde... Professor Hibben resümierte aus seinen Untersuchungen: Die Berge von Tierkadavern an punktuellen Orten rund um den Globus lassen sich nicht mit herkömmlichem Wissen erklären!

Meine Damen und Herren, es ist ja auch tatsächlich unbegreiflich, weshalb Tiere verschiedener Rassen auf engstem Raum, ganz dicht beieinander, umgekommen sein können. Bisons bleiben doch gemeinhin ebenso unter sich wie die Mammuts, sie duldeten keine Bären oder Pferde unter sich. Ratlos, wie man war und ist, meinte man auch, die eiszeitlichen Jäger hätten die Tiere zusammengetrieben und dann vernichtet. Diese Idee ließ man ganz schnell wie eine heiße Kartoffel wieder fallen. Recht tat man daran, denn wenn Jäger die Tiermassenmorde veranstaltet hätten, dann hätte man Spuren ihrer Waffen entdecken müssen. Und: Die eiszeitlichen Jäger waren keinesfalls, das sahen die Wissenschaftler ein, waren keinesfalls in der Lage, solche riesigen gemischten Tierherden zusammenzutreiben und auf einen Schlag zu vernichten! Dazu wären moderne Waffen nötig gewesen..., gar nicht davon zu reden, daß sie nicht mehr Wild jagten, als sie zur Ernährung brauchten. Die Tierfriedhöfe aber muten an wie Massenschlachthöfe, wie die Felder, auf denen eine gewaltige Katastrophe kein Leben übrigließ. Tierleichen wurden unter den Boden gepflügt. Bisher gibt es, wie gesagt, keine Erklärung. Meine eigene bescheidene Meinung ist, daß dieses Phänomen nichts mit der Sintflut zu tun hat, aber ich halte es als Spekulation für erwähnenswert, daß die Besatzungen von Raumschiffen für die explosionsartigen Vernichtungen verantwortlich gemacht werden könnten.

191 Können Sie mir ein Buch nennen, in dem ich mich über dieses Phänomen genauer informieren kann?
Darüber gibt es einige Bücher, aber ich bin kein Lexikon auf zwei Beinen. Das Buch von Frank Hibben, das ich erwähnte, heißt »The Lost Americans«, es erschien in New York. Ein anderes heißt, glaube ich, »Pre-Historic Overkill«. Das Beste ist, wenn Sie mir schreiben. Ich nenne Ihnen dann gern einige genaue Titel...

*

192 Für die meisten Indizien, mit denen Sie Ihr Denkmodell aufbauen, sind jeweils auch andere Interpretationen möglich. Das gilt für Ihre Beispiele der Felsmalerei wie für die aus der Mythologie. Ich halte es für unzulässig – wissenschaftlich schon gar nicht –, eine Theorie für gesichert zu halten, solange auch andere Auslegungen von Indizien möglich sind. Damit muß sich die Wissenschaft abfinden – Sie müssen das auch!
Abgesehen davon, daß ich Denkmöglichkeiten anbiete –

halten Sie Ihr Argument nicht für eine klassische Killer-Phrase?! Überlegen Sie mal haarscharf, ob Ihr Argument Sie nicht selbst wie ein Bumerang treffen muß! Ich weiß nicht, was Sie beruflich tun. Ich nehme einmal an, Sie wären Prähistoriker und Ethymologe in einer Person. So, und nun unterstellen wir, Sie würden ganz bestimmte Erklärungen sowohl für Felsmalereien wie für Mythendeutungen geben. Einverstanden? Nun sagen Sie selbst, daß eine Theorie nicht als gesichert gelten kann, *solange auch andere Erklärungen möglich sind.* Ganz abgesehen davon, daß die einschlägigen Wissenschaften selbst zahllose verschiedene Deutungen vorlegen, komme nun ich, Erich von Däniken, daher und gebe eine völlig neue Interpretation! Ihrer eigenen Logik folgend, gelten ab nun alle wissenschaftlichen Erklärungen nicht mehr als gesichert! *There's the humour of it!* (Das ist der Witz der Sache! Shakespeare, Heinrich V.) – Ihre Argumentation..., solange es auch andere Erklärungen gibt, gilt nichts..., diese Argumentation ist, verzeihen Sie mir, wirklicher Unsinn. Abgesehen von den Resultaten der exakten Wissenschaften wird es immer unterschiedliche Erklärungen für gewisse Fakten geben. Das macht ja das Wesen von Theorien aus, und Theorien standen noch stets am Anfang neuer Denksysteme.

193 Wenn man Ihnen zuhört, muß man annehmen, daß die frühen Götter in allen nur denkbaren irdischen Sprachen frischfröhlich drauflos geredet haben. Ich bin bereit, Ihnen ein ganzes Stück zu folgen, aber Sie müssen sich doch im klaren sein, daß Außerirdische keine irdische Sprache beherrscht haben. Auf welche Weise sollen sie sich also mit unseren primitiven Vorfahren verständigt haben?
Es ist gut, daß Sie diese Frage stellen, sie taucht gelegentlich immer wieder auf, und daran merke ich, daß ich es versäumte, in meinen Büchern dazu etwas zu sagen.

Aus meinem Verständnis ist die Frage nicht schwer zu beantworten. Denken Sie doch mal nur ein bißchen zurück, nur bis in die Kolonialzeit. Da haben unsere Großväter doch auch wildfremde Stämme besucht, sie sind auf Völker getroffen, die noch keinen weißen Mann gesehen hatten. Was glauben Sie, wie sich die Kolonisatoren etwa mit den Zulukaffern oder mit den Aborigines in Australien verständigt haben? Anfangs durch Zeichensprache, dann deutete man auf Gegenstände, denen man bald danach einen Namen gab. Man fand sehr rasch einen gangbaren Weg der Verständigung..., ohne daß der eine die Sprache des anderen gekannt hätte. Vielleicht beherrschten Außerirdische ganz raffinierte Techniken, die die Verständigung noch leichter gemacht haben.

Kommt hinzu, und das ist meine Überzeugung, die sich durch das Studium von Mythologien ergab und festigte, kommt hinzu, daß es den Überlieferungen nach stets die »Götter« waren, die den Menschen erst intelligent gemacht haben! Lesen Sie mal das Gilgamesch-Epos. Dort heißt es, daß Enkidu zuerst bei den Tieren lebte, mit den Tieren fraß, mit den Tieren aus der Tränke trank. Er mußte zuerst von den Tieren entfremdet werden, bevor er Diener und Freund des Königs wurde. Lesen Sie, um noch ein mythologisches Beispiel zu nennen, lesen Sie nach im Popol Vuh, in der heiligen Schrift der Quiché-Indianer. Auch da waren es die Götter, die den Menschen aus dem Tierreich herausnahmen und intelligent machten! Nehmen Sie es ganz praktisch: Der Mensch lernte die Sprache von den Göttern. Vorher hatte er keine. Auch in der Bibel erfahren Sie, daß Adam, der erste Mensch, Bäume und Tiere benannte, *nachdem* er es von Gott gelernt hatte.

Bleibt man auf dieser Linie, dann müßten die ersten intelligenten Menschen, die sich später über die ganze Erde verteilten, alle miteinander dieselbe Sprache gesprochen haben. Tatsächlich behaupten Mythologien das. Beim Turmbau von Babel heißt es in der Bibel: »Denn damals hatte alle Welt eine Sprache.«

*

194 Sie gehen immer davon aus, daß die Außerirdischen menschenähnlich gewesen sind, ja, Sie gehen noch weiter und behaupten, sie müßten ähnlich gedacht und gehandelt haben wie wir, und deshalb hätten sie auch eine ähnliche Technik entwickelt wie wir. Bei der Vielzahl von Lebensformen im Universum ist Ihre Annahme einfach unrealistisch. Außerirdisches Leben kann nicht menschenähnlich gewesen sein!
Da bin ich ganz und gar nicht Ihrer Meinung! – Vorweg: Sie sprechen in der Vergangenheitsform – wollen wir uns darauf einigen, daß außerirdisches Leben auch gegenwärtig existiert? Darin ist sich die Wissenschaft einig.
Also: Die berechnete statistische Wahrscheinlichkeit mit ähnlichen präbiotischen Bedingungen, wie sie unsere Erde hat, wird auch für andere Planeten angenommen. Das behauptet nicht Däniken, das meint die Wissenschaft! Und sie sagt auch, daß unter denselben oder sehr ähnlichen präbiotischen Voraussetzungen sich im langsamen Prozeß der Evolution ähnliches Leben entwickeln *muß*. Bedeutet: Aus dieser Lebensfülle wird sich in einer logischen Reihe stets ähnliche Intelligenz entwickeln. Damit wir uns darüber klar sind, wie ich das meine, ein paar Hinweise: Augen werden sich *immer* in nächster Nähe des Gehirns entwickeln, weil von der Natur der kürzeste Weg für die Neuronen zur Sinneswahrnehmung disponiert ist. Der Mund wird sich *stets* in unmittelbarer Nähe der Nase bilden, weil jedes Lebewesen den Geruchssinn benutzt, bevor es seine Nahrung aufnimmt. Greifwerkzeuge wie unsere Hände werden sich *stets* in einer Ebene mit den Augen entwickeln. Man spricht in

diesem Sinne von »zwingenden Formen«, und davon gibt es einige Tausend. Voraussetzung für ihr Schema ist allerdings, daß die präbiotischen Bedingungen gleich oder mindestens sehr, sehr ähnlich sind wie die auf unserer Erde! Auf der Erde schätzt man heute über 3,5 Millionen Lebensformen. Haben sich die erst mal entwickelt, dann eignen sich aber aus der fast unübersehbaren Fülle nur ganz wenige auch für *technische* Intelligenz. Ich kann's nicht ändern, aber ein Krokodil kann mit keinem Schraubenzieher umgehen und ein Nilpferd steht ratloser vor einem Computer als der Ochs vorm Scheunentor! Verschieden qualifizierte Gehirne sind eben nur zu verschieden qualifizierten Tätigkeiten fähig.

Wir sprechen also von außerirdischen Intelligenzen, die unter gleichen oder sehr, sehr ähnlichen präbiotischen Voraussetzungen gediehen und gedeihen. Dabei ist es völlig belanglos, ob so ein Wesen acht Finger, vier Arme, ein Auge oder zwei Nasen hat! Eine solche Rasse kann trotzdem hochintelligent und in der Lage sein, Weltraumfahrt zu betreiben. Wohin würde sich eine Rasse fremder Herkunft wenden, wenn sie auf interstellare Reise ginge?

Genau, wie wir es beispielsweise vor dem ersten Mondflug getan haben, würde sie zuerst mal ihre Umgebung erkunden. Sie würde Raumsonden aussenden mit dem Auftrag an die Besatzungen: Wo ist ein lohnendes Ziel? »Lohnend« ist so zu verstehen, daß gleiche präbiotische Lebensbedingungen festgestellt werden, die dem heimatlichen Lebensraum sehr nahe kommen. Wie wir es tun, würde die fremde Rasse den Jupiter für kein erstrebenswertes Ziel halten, denn dieser massereichste Planet unseres Sonnensystems würde mit seiner Gravitation unsere Lebensform förmlich zerquetschen – seine Methan-Ammoniak-Atmosphäre wäre für die fremde Rasse genauso ein tödliches Gift wie für uns. *Wir* werden uns, wenn eines Tages die Voraussetzungen für interstellare Raumfahrt geschaffen sind, wir werden uns dann einen Landeplaneten aussuchen, der »lohnend«, also lebenerhaltend, für uns ist. Wir wollen halt überleben, wenn wir auf die große Reise gehen! Genauso und nicht anders denken die Fremden. Sie werden sich einen erdähnlichen Planeten aussuchen, sofern sie unserem Leben ähnlich sind. Im Zusammenhang mit der mir gestellten Frage muß ich einen dicken Irrtum zurechtbiegen. Man hält mir vor, es sei absurd, anzunehmen, eine außerirdische Rasse habe sich ähnlich wie wir entwickelt und habe auch noch Ähnlichkeiten in ihrer Denkweise mit uns oder sogar eine ähnliche technische Entwicklung.

Immer wieder übersehen meine Kritiker das wichtigste Argument in meiner Indizienkette:

Die Außerirdischen, die einst die Erde besucht haben, entwickelten sich *nicht* zufälligerweise wie wir, nein *wir* entwickelten uns ähnlich wie sie! Das ist der entscheidende Unterschied in der Betrachtungsweise. *Alle* alten Schriften, einschließlich der Bibel, behaupten steif und fest: »Die Götter schufen den Menschen nach *ihrem* Ebenbild!« Praktisch heißt das doch: Außerirdische nahmen an primitiven Hominiden eine gezielte künstliche Mutation mit einem DNS-Material vor, das die Menschlein »nach ihrem Ebenbild« gedeihen ließ! Seither entwickeln *wir* uns nach *ihrem* DNS-Muster. Man soll mir nicht unterstellen, daß ich mich je umgekehrt geäußert hätte! Also: Die Außerirdischen, die *uns* besuchten, waren mehr oder weniger menschenähnlich. Da wir Teilprodukte von ihnen sind, entwickeln wir uns in *ihrer* Richtung!

Meine Betrachtungsweise schließt also nicht aus, daß es im Universum Millionen und Millionen völlig verschiedener, anderer Lebensarten gibt, von deren Wesen und Aussehen wir uns nichts träumen lassen. Schon der alte Homer sagte:

Wie doch stets den Gleichen
ein Gott gesellet zum Gleichen.
Oder, in der Kurzfassung unseres Sprichworts:
Gleich und gleich gesellt sich gern!

Postscriptum

Daß meine Gegner dort, wo es ihnen an überzeugenden Gegenbeweisen fehlt, zur Waffe der persönlichen Diffamierung greifen, dafür ist ein gehässiger, unsachlicher Angriff des Schriftstellers Hoimar von Ditfurth in der ihm nahestehenden Werkzeitung »boehringer kreis« Nr. 3/1977 ein schlagender Beweis. Die Veröffentlichung meiner Erwiderung, in der ich eine Richtigstellung der verschiedenen falschen Behauptungen verlangte, wurde von der Zeitschrift mit fadenscheinigen, formalistischen Einwendungen abgelehnt und so eine offene sachliche Auseinandersetzung verhindert.

– Dies jedenfalls ist die Meinung meines Anwalts, des bekannten Presserechtlers und Verlagsjuristen Professor Dr. Martin Löffler, Stuttgart.

Personenregister

Alexander der Große 96, 100
Alvarez, Luis Walter 75 ff.
Amon 92
Armstrong, Neil 116 f.
Aron 105

Bellamy, Professor 94
Berlitz, Charles 48
Bohr, Niels 30
Braun, Wernher von 143
Brugger, Karl 119 f.
Buss, Hero 131 ff.

Cäsar 95 f.
Carr, Robert 57
Carter, Präsident Jimmy 56 f., 136
Charroux, Robert 14 f., 61, 109
Clarke, Arthur C. 25
Cleopatra 95
Coll, Pieter 16, 105
Crick, Francis 166

Däniken, Cornelia von 53
Diokletian, Kaiser 95
Ditfurth, Professor von 59, 73 f., 92
Dixon, Jeane 53
Dorland, Frank 170 f.

Edison, Thomas 142
Eigen, Professor Manfred 165, 167
Elias 151, 179
Enkidu 191
Ernsting, Walter 159
Esra 181
Etana 151

Falconi, Dr. Gustavo 115

Gabriel 111
Gohed, Amr 76
Goodman, Professor Howard 178
Grubert, Dr. Harro 78 f.

Hahn, Otto 30
Hall, Stanley 116
Hatem, Dr. Abdul Quader 92
Henoch 45, 151, 174, 179, 181
Hermann, Dr. Siegfried 159
Herodot 71
Hesekiel 45, 88, 141, 153, 173f., 181
Heyerdahl, Thor 81f.
Hibben, Frank 187, 189
Hoyle, Fred 25

Jesus 178f.
Johannes 179, 181
Jungk, Robert 28

Khufu, Pharao 72
Khuon, Ernst von 90
Kretz, Perry 133

Lüscher, Professor 157
Lukas 179
Luzifer 111

Mao Tse-tung 113
Markus 179
Mas'udi, Abu'l Hassan 71
Matthäus 179
Messiha, Khalil 91
Miller, Stanley 164
Mitchell-Hedges, Anna 170
Mitchell-Hedges, F. A. 170
Moh, Ahmed 92
Moricz, Juan 113–116, 118, 131f.
Moses 44f., 103, 105, 141

Nero, Kaiser 149
Noah 183
Nommo 41

Pantel, Dr. 90
Pena, Dr. 114, 131f.
Philipps, Dr. Gene 42, 159
Picasso, E. 145
Planck, Max 30

Ramses II. 71
Ramses III. 95
Ra, Sonnengott 91
Rei, Piri 173
Reiche, Maria 42
Ruppe, Professor Dr. Harry 60, 142f., 159

Sagan, Carl 46
Sassoon, George 159
Schievella, Professor Pasqual 159
Schklowskij, Josif 137
Schmid, Ferdinand 120, 123
Solla Price, Derek de 90
Staidos, Valerios 90

Tangaloa 186
Tatunca Nara 119–122, 124
Theodosius I. 96
Tomas, Andrew 159

Utnapischtim 184

Wildt, Ernst 59, 93
Winterberg, Professor Dr. F. 143
Woodman, Jim 81

Zumarraga, Don Juan de 96

Orts- und Sachregister

Abu Simbel 73
Ägypter 70
Ain-Schams-Universität 76
Akahim 121, 124
»Aku-Aku« 81
Alaska 187f.
Alexandria 96
–, Bibliothek von 95
Ancient Astronaut Society 42, 155f.
Anti-Däniken-Buch 46
Antikyhera, Maschine von 90
Arbeitslosigkeit 34
Archiv 46
Archäologe 67
Archäologie 67f., 71, 75, 83, 99
Aminosäure 163, 167, 183
Astrophysiker 137
Atheist 19
Atom 167
Atombombe 29, 144
Atomenergie 38
Atomenergiegegner 27
Atomkraft 27, 36
Atomkraftgegner 34
Atomkraftwerk 26, 28ff., 32f., 39
Atomstrom 33
Awesta 96, 103
Azteken 185
Azteken-Schädel 170

Baalbek-Terrasse 71
Babel, Turmbau zu 192
Bär 188
Bagdad, Irakisches Museum von 106
Batterie, galvanische 106
Bermuda-Dreieck 48f.
Bibel 39
Big-Bang-Theorie 139
Biomasse 38

Bison 187 f.
Blattwurm 177
Boeing 707 144
»Bonner Rundschau« 77
Botschaft der Götter 50, 59
»Bulletin of the Atomic Scientist« 168
Brüter, schneller 32

Cape Canaveral 135
Cargo-Kult 80
Castor 140
CERN 144 f.
Cheopspyramide 74, 150, 175
Chephrenpyramide 74 f.
Chichén-Itza 139 f.
»(Die) Chronik von Akakor« 119
Cloning-Verfahren 177 f.
Comecon 29
CUZCO 97
C 14-Methode 87

Däniken 38
Datierung 174
Dehli 79
–, Kulubsäule von 77
Demagoge, begabter 61 f.
Derinkuyu 113
Desoxyribonukleinsäure s. DNS
Deuterium 169, 182
DNS 164, 166, 176, 178, 194
Dogon-Neger 41, 104, 173
Dogu-Figur 101
Dreifaltigkeit 45
d-Ribose 164

Eiserner Mann 77
Ekuador 116, 118, 133
Elektron 144
Elementarteilchen 75, 144
»Elohim« 44
Entropie 163
Enzym 163, 166, 168
Erde 139
Erdkern 139
Erdmantel 139
Etana-Epos 104
Ethymologe 85
Evolution 129, 192

Fairbanks 187
Felsbilder 98
Felsmalerei 98
Fernsehen 41
Fixsterne 127 f.
Flugzeugmodell, altägyptisches 59, 91
Frankfurt 182
FUNAI 120
Fusionsreaktor 157

Gedächtnisdroge 182
Gedächtnismolekül 177, 181 f.
Gen-Manipulation 161
Gesellschaftssystem 36
Gewerkschaft Bergbau und Energie 32
Gilgamesch-Epos 39, 174, 184, 191
Gizeh 72
Glutaminsäure 182
Götter 45
Götterbesuche 174
Gottessöhne 44
Goldfische 177
Gunanchen 185
Guarani 185

Gravitation 138
Guayaquil 115

»Harald-Reinl-Film« 50
Hewlett-Pakkard-Company 170
Hiroshima 29
Himmelfahrt Abrahams 173
Höhle 111, 113, 116, 118f.
Hominiden 130, 194
Homo sapiens 156
Hopi-Indianer 173, 180
Houston 43
»Hun Esil« 185
Hypophyse 183

IBM-1130 76
ICI 161
Ideogramm 104
Ideologie 63
Indianer 180
Indigirka 187

Jupiter 193

Kairo, Ägyptisches Museum in 91, 93
Kalkutta 13
»Kandelaber der Anden« 109
Kandschur 96
Kanopus 140
Katchina-Puppe 101, 173
Kayapo-Indianer 173, 180
Kernenergie 30
Khiut Robboua 106
Köln 78
Kohlekraftwerk 33
Kohlendioxid 37f.
Kohlestrom 33
Kolyma 187
Kontinentalbruch 184f.
Kottenforst (bei Bonn) 78
Krallenfrosch 183
–, Zwerg- 183
Kristallschädel 169
Kuoni 11

Lebensbaum 83–86
Lebensform, intelligente 134, 156
Lebensvoraussetzung 134
Librationspunkt 150
Lichtgeschwindigkeit 145, 157
Linksdrehung, optische 164
Loch, schwarzes 31
Lubaantum 169
Lufthansa 12

Makro-Molekül 164, 167f.
Mammut 188
Manaus 121–123
Mars-Atmosphäre 167
»Massen« 75
Massenwirkungsgesetz 163
Mastodont 187
Max-Planck-Institut 182
Maya 85, 88, 139f., 170, 185
– Kalender 87
– Stelen 83
Metallbibliothek 115f., 118
Mineral 167
Milchstraße 127f., 134, 136
Mitra 100
Modellcharakter 62
Molekül 164–167
Molekülkette 164, 166
Monotheist 44
München 157
Mumifizierung 176

Museum of the American Indians 170
Mutation, künstliche 21, 129, 194
Myonen 75, 144 f.
Mythologie 69

NASA 135, 143, 168
Navajo-Indianer 185
Nazca-Ebene 80 f., 108
Neutrino 144
Neutronenbombe 138
Nevada, University of 143
New York 170
NICAP 56 f.
Nowosibirsk 187
Nuklearenergie 28, 34, 37

Orbit 173
Osterinsel 81 ff., 108

PA-DIEMEN 91
Paläo-Astronautik 51
Palenque 83, 87–90, 173 ff.
Parapsychologie 17
Parsen 96, 103
Pergamon 95
Pferd 188
Photosynthese 38
Pisco-Bucht 81, 109
Plagiatsvorwurf 15 f.
Planetoidengürtel 138
»Playboy« 79
Plutoniumgefahr 32
Polynesien 186
»Popol Vuh« 191
Protein 163, 165–168
Punkt, logisch-mathematischer 150
Pyramide 70, 72, 150
–, große 72
Pyramidenbauer 70

Quarz 171
Quiché-Indianer 191

Radio Luxemburg 42
Radiosignale 137
Rano Raraku 82
Rassist 19
Rheinisches Landesmuseum 77
Rio de Janeiro 156
Rio Negro 121, 123
Rio Padaviri 124
Roman 25
Rotfeder 182
Runcorn 161

Sacsayhuaman 97
Sakkara 91
Salz 167
Sanskrit 13
Schlange 140
Schriftsteller, forschender 51
Schweres Wasser s. Deuterium
Sibirien 187
Silizium 169
Sintflut 184
Sirius A 41
– B 41
– System 41, 104
»Spiegel« 118
Steady-state-Theorie 25
»STERN« 131 f.
Stickstoff 169
Stonehenge 175
Strompreis 34
SWISSAIR 120, 124

»Tagesanzeiger« 92
Tandschur 97
TASS 29
Tempel der Inschriften 87

Testament, Altes 40, 104f.
Tiahuanaco 94
Tibet 97
»TIME« 76
Todesforschung 18
Tomar 124

Ufo 55ff.
Urmeer 163
Ursuppe 163f.
U.S. Naval Observatory 144

Venus 140
»Voyager« 135f.

Warschau 29
Washington, Universität 144
Wasserkraftwerk 30
Welt-Atomenergie-Behörde 32
Wikinger 100
Wunder, kosmisches 137

Yucatan 85

Zeitdilatation 157
Zeitkapsel 89, 140, 150, 152
Zeitverschiebung 144f., 153, 157, 174, 176
Zürich 68, 92

Die 194 Antworten,
die in diesem Buch notiert wurden, gab Erich von Däniken auf 194 Fragen seiner Leser rund um die Welt.

1968
erschien sein Erstling ERINNERUNGEN AN DIE ZUKUNFT. Damit brach weltweit die »Dänikitis« aus, wie eine amerikanische Zeitung schrieb.

1969
kam sein zweites Buch ZURÜCK ZU DEN STERNEN heraus. Binnen zwei Wochen nach Erscheinen stand es auf den Bestsellerlisten in der ganzen Welt.

1972
erschien mit dem Extrakt einer großen Weltreise sein AUSSAAT UND KOSMOS. Ein vieldiskutiertes Buch.

1973
legte Däniken als erster Autor seines Themenbereichs die sichtbaren Objekte seiner Theorie in dem Band MEINE WELT IN BILDERN vor.

1974
tat der Erfolgsautor mit seinem Buch ERSCHEINUNGEN nur scheinbar einen Schritt vom geraden Weg ab. Genaugenommen war auch ERSCHEINUNGEN ein wichtiger Baustein für seine Theorien.

1977
legte Däniken nach fast dreijähriger Vorarbeit sein Buch BEWEISE vor, in dem er eine Indizienkette knüpfte, die Anhänger wie Gegner verblüffte.

Fast 200000 km Flug
während fünf Weltreisen, gezielten Expeditionen,
dazu eine abenteuerliche Landrover-Fahrt
durch die großen Wüsten unseres Planeten
stehen für die Besessenheit, mit der Däniken
sein Denkgebäude vervollkommnet.

1017 Vorträge
mit Diskussionen (bis zum 15. 12. 1977)
brachten Erich von Däniken ins KREUZVERHÖR...
... in Nord- und Südamerika, Kanada, Australien,
Südafrika, Griechenland, Indien, Spanien, Finnland,
Jugoslawien, Polen, Deutschland, Österreich, Schweiz.

41 Millionen Bücher
wurden, mit Stichtag 1. 12. 1977, in 28 Ländern
in 35 Sprachen verkauft. Damit ist Erich von Däniken
der erfolgreichste Autor deutscher Sprache seit 1945.

Robert Charroux

Das Rätsel der Anden

320 Seiten, zahlreiche Abbildungen, gebunden

Unbekannt – Geheimnisvoll – Phantastisch

Auf den Spuren des Unerklärlichen

288 Seiten und 12 Seiten Abbildungen, gebunden

Vergessene Welten

Auf den Spuren des Geheimnisvollen

320 Seiten, 45 Abbildungen, gebunden

»Seine Beweisstücke sind nicht einfach von der Hand zu weisen. Man kann sie zwar als reines Hirngespinst abtun oder ihnen mit einem Achselzucken begegnen, aber immer noch steht die Wissenschaft vor Fakten und fragt: warum, warum, warum? Mit Charroux den Spuren des Unerklärlichen nachzugehen, ist auf jeden Fall nicht langweilig.«
Hannoversche Presse

»Das Buch erzeugt Spannung. Wer geneigt ist, die etablierte Wissenschaft als schwerfälligen Lastkarren anzusehen, wird sein Vergnügen darin finden, von Charroux im Flugtempo über die Zeiten und ihre Zweifel hinweggesteuert zu werden.« *Süddeutscher Rundfunk*